甘泉铁路公司
工务专业标准化作业指导书

宫孟飞　主编

北京交通大学出版社

·北京·

内 容 简 介

为提高作业标准化程度，甘泉铁路公司组织编写了本作业指导书。

本作业指导书由四部分组成：线路标准化作业指导书、桥隧路基标准化作业指导书、轨道车标准化作业指导书、机具操作规程。本作业指导书语言简练，可操作性强，是职工培训、实作演练、班前教育、作业对规的指导书，对推动管理规范化、作业标准化具有较强的现场实用性和指导性。

图书在版编目（CIP）数据

甘泉铁路公司工务专业标准化作业指导书 / 宫孟飞主编. —北京：北京交通大学出版社，2023.8

ISBN 978-7-5121-5071-3

Ⅰ. ① 甘… Ⅱ. ① 宫… Ⅲ. ① 铁路工程－标准化 Ⅳ. ① U2-65

中国国家版本馆 CIP 数据核字（2023）第 162191 号

甘泉铁路公司工务专业标准化作业指导书
GANQUAN TIELU GONGSI GONGWU ZHUANYE BIAOZHUNHUA ZUOYE ZHIDAOSHU

责任编辑：陈跃琴
出版发行：北京交通大学出版社　　　　电话：010-51686414　　　http://www.bjtup.com.cn
地　　址：北京市海淀区高梁桥斜街 44 号　　邮编：100044
印　刷　者：北京虎彩文化传播有限公司
经　　销：全国新华书店
开　　本：185 mm×260 mm　　印张：8.25　　字数：147 千字
版 印 次：2023 年 8 月第 1 版　　2023 年 8 月第 1 次印刷
定　　价：88.00 元

目　　录

第一部分

线路标准化作业指导书

一、拨道作业指导书

1 主题内容及适用范围

1.1 本作业指导书规定了拨道作业程序、项目、内容及相关标准。

1.2 本作业指导书适用于线路设备养护维修工作。

2 作业目的

2.1 发现并消除隐患，确保设备质量符合养护维修作业标准。

3 作业流程图（见图1）

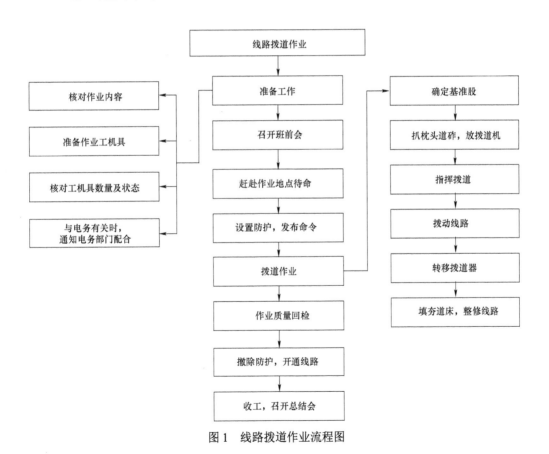

图1　线路拨道作业流程图

4 作业条件、程序及相关标准

4.1 作业条件。

4.1.1 施工负责人由工班长及以上职位人员担任。

4.1.2 利用维修天窗或施工天窗作业，车站设驻站联络员，现场设现场防护员，用对讲机或有线电话联控。

4.1.3 办理封锁施工手续，设置移动停车信号防护，施工封锁完毕放行列车或单机时速度正常。

4.1.4 夜间作业必须备齐、备足照明设备。

4.1.5 站内道岔作业必须明确作业影响范围。

4.2 准备工作。

4.2.1 核对作业内容，包括作业地点、作业项目及内容。

4.2.2 准备作业工机具，包括拨道器、道砟叉、耙镐、轨距尺、卷尺、木折尺、石笔、弦绳等工具。

4.2.3 核对工机具数量及状态。

4.2.3.1 施工负责人对当日使用的量具进行检查核对。

4.2.3.2 施工负责人对作业工机具进行核对，并检查机具的状态，以及液压油是否足量、有无漏油。

4.2.4 与电务有关时，通知电务部门配合。

4.3 作业项目、内容及流程。

4.3.1 召开班前会。

4.3.1.1 施工负责人点名，布置工作。明确分工、作业项目、作业内容、作业时间，提出作业要求。

4.3.1.2 安全预想，提出防控措施，检查防护用品。

4.3.2 赶赴作业地点待命。

4.3.3 设置防护、发布命令。

4.3.3.1 作业前 60 min，驻站联络员与车站值班员联系，在车站登记，认真做好信息预报、确报。调度命令下达后，立即通知施工负责人及现场防护员。

4.3.3.2 现场防护员打开封闭的栅栏门，作业人员按进场顺序进入防护围栏。按规定设置好防护后，立即通知施工负责人防护设置完毕。

4.3.3.3 施工负责人核对施工命令、计划、地点，确认防护到位后，通知作业人员上道作业。

4.3.4 拨道作业。

4.3.4.1 确定基准股。直线地段以列车运行方向左股为基准股，曲线地段以曲线内股（下股）为基准股。轨向不良时可用绳正法测量、计算与拨正。

4.3.4.2 扒枕头道砟，放拨道机。使用拨道机时，将底盘插入轨底，使起道轮侧面卡在钢轨底的侧面。拨道机不得放在绝缘接头下，机底要坚硬、放稳。

4.3.4.2.1 如果拨道量大于 20 mm，拨道前应将轨枕头石砟用捣镐刨松。拨量大或道床坚硬时，应扒出拨量所需的间隙。遇防爬设备时，按拨动方向把一侧石砟扒开。

4.3.4.2.2 使用液压拨道机时，严禁单机作业，以 3 台同时使用为好（拨道方向前侧，一股钢轨放置两台拨道机，后侧一股钢轨放置一台拨道机，相距 2～3 根轨枕，成 "V" 形）。

4.3.4.3 指挥拨道、拨动线路。

4.3.4.3.1 指挥者的手势要及时、迅速、准确、明显。

4.3.4.3.2 拨道人员按照指挥者手示方向拨动线路，同时保持动作一致。指挥者发出停止手势或口令时，立即停止摇动。

4.3.4.4 转移拨道器。扳下拨道器回油阀，开启回油路，使油缸顶杆复位，拉取出拨道器，到下一地点安放拨道器。

4.3.4.5 填夯道床，整修线路。

4.3.4.5.1 拨道后，将扒出的道砟窝整平，将拨后离缝的一侧轨枕头道砟埋好夯实，将防爬设备附近的道砟整平。

4.3.4.5.2 整修由于拨道引起的水平、高低、暗坑、空吊板和道床变化。

4.3.5 作业质量回检。

4.3.5.1 施工负责人按作业标准回检，并对相邻线间距复核，确认满足要求。曲线拨道后，回检曲线正矢，如有测点正矢超标，应找细。

4.3.5.2 施工负责人指定专人检查作业区域内的工机具，防止遗漏，严格执行"工完料清"制度。

4.3.6 撤除防护，开通线路。

4.3.6.1 施工负责人和现场防护员共同清点，确认作业人员及工机具、材料全部撤出至防护栅栏外安全区域。

4.3.6.2 现场防护员根据施工负责人的命令撤除现场防护，清点防护工具，封闭栅栏门。

4.3.6.3 施工负责人命令驻站联络员开通线路。

4.3.6.4 驻站联络员在车站办理销记手续，开通线路。

4.3.7 收工，召开总结会。

4.4 作业标准。

4.4.1 拨正后方向应达到《铁路线路修理规则》规定的作业验收容许偏差值的要求，曲线与直线连接处不得有"反弯"或"鹅头"。

4.4.2 拨正方向时，应注意各种建筑物和信号机的接近界限。在复线区段拨正轨向时，要满足线间距要求。

4.4.3 在拨道时，指挥者要根据拨道量大小、上挑下压、轨枕类型、道床情况等因素预留一定回弹量，曲线一般情况为：上挑多拨2～3 mm，下压多拨3～4 mm。

4.4.4 由于拨道引起轨缝、水平、防爬设备、道床发生变化或产生空吊板时，必须整修达到标准。

4.4.5 有砟桥上拨道作业，桥梁上一侧拨道量年度累计不得大于60 mm，且要满足线路中心与桥梁中心的偏差要求：钢梁不大于50 mm，圬工梁不大于70 mm。

4.4.6 电气化区段坡道要满足相关规定和要求。在轨道电路区段，拨道器不得放在电容枕及绝缘接头处。

5 安全措施

5.1 作业人员必须按规定使用个人防护用品，防护员必须穿戴防护服，佩戴防护标志，带齐防护用品。

5.2 现场防护员与驻站联络员用对讲机或有线电话3～5 min联控一次，做好记录，认真做好信息预报、确报等防护工作。

5.3 在道岔转辙部分拨道，必须有电务部门配合，还应防止信号机、电动道岔转辙器侵入限界。

5.4 多人在一起作业时，应统一指挥，相互间应保持一定的安全距离，防止工具碰撞伤人。

5.5 在轨道电路地段，要防止工具、材料联电造成事故，撬棍等金属长柄工具应加绝缘套。

5.6 作业中，须跨越线路时，必须设置专人防护，按照"手比、眼看、口呼"制度，确认无车时方可通过。

二、混凝土枕线路改道作业指导书

1 主题内容及适用范围

1.1 本作业指导书规定了混凝土枕线路改道作业程序、项目、内容及相关标准。

1.2 本作业指导书适用于线路设备养护维修工作。

2 作业目的

2.1 发现并消除隐患，确保设备质量符合线路养护维修作业标准。

3 作业流程图（见图 2）

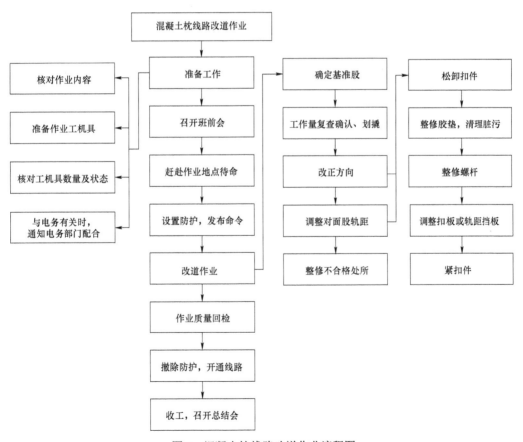

图 2 混凝土枕线路改道作业流程图

4 作业条件、程序及相关标准

4.1 作业条件。

4.1.1 施工负责人由工班长及以上职位人员担任。

4.1.2 利用维修天窗或施工天窗作业，车站设驻站联络员，现场设现场防护员，用对讲机或有线电话联控。

4.1.3 办理封锁施工手续，设置移动停车信号防护，施工封锁完毕放行列车或单机时速度正常。

4.1.4 夜间作业必须备齐、备足照明设备。

4.1.5 站内道岔作业必须明确作业影响范围。

4.2 准备工作。

4.2.1 核对作业内容，包括作业地点、作业项目及内容。

4.2.2 准备作业工机具，包括轨距尺、内燃螺栓扳手、T型套筒扳手、撬棍、石笔、轨距挡板、套丝器等工具。

4.2.3 核对工机具数量及状态。

4.2.3.1 施工负责人对当日使用的量具进行检查核对。

4.2.3.2 施工负责人对作业工机具进行核对，并检查机具的状态，以及液压油是否足量、有无漏油。

4.2.4 与电务有关时，通知电务部门配合。

4.3 作业项目、内容及流程。

4.3.1 召开班前会。

4.3.1.1 施工负责人点名，布置工作。明确分工、作业项目、作业内容、作业时间，提出作业要求。

4.3.1.2 安全预想，提出防控措施，检查防护用品。

4.3.2 赶赴作业地点待命。

4.3.3 设置防护、发布命令。

4.3.3.1 作业前 60 min，驻站联络员与车站值班员联系，在车站登记，认真做好信息预报、确报。调度命令下达后，立即通知施工负责人及现场防护员。

4.3.3.2 现场防护员打开封闭的栅栏门，作业人员按进场顺序进入防护围栏。按规定设置好防护后，立即通知施工负责人防护设置完毕。

4.3.3.3 施工负责人核对施工命令、计划、地点，确认防护到位后，通知作业人员上道作业。

4.3.4 改道作业。

4.3.4.1 确定基准股。直线地段以列车运行方向左股为基准股。曲线地段以曲线内股（下股）为基准股，单开道岔以外直股为基准股。

4.3.4.2 工作量复查确认、划撬。在改道处，利用轨检车图纸、静态人工检查，对轨距、轨距变化率不良地段进行现场复查确认、标注、划撬。

4.3.4.3 改正方向。

4.3.4.3.1 松卸扣件。卸掉螺母，拿下扣板或轨距挡板。

4.3.4.3.2 整修胶垫，清理脏污。当调试达到轨向直、扣件密靠程度时，遇有胶垫破损、歪斜及小胶垫或尼龙挡板座破损、窜出，应调整或更换，并清除承轨台脏污物。

4.3.4.3.3 整修螺杆。整修歪斜螺杆，整修丝扣滑牙。

4.3.4.3.4 调整扣板或轨距挡板。根据基准股的方向、扣板或轨距挡板离缝情况，采用更换加厚铁座、加垫垫片，或翻转、调整、更换扣板、轨距挡板、尼龙挡板座等方法进行试调，按顺序装上扣件，使各部分的零配件相互靠贴。

4.3.4.3.5 紧扣件。如轨距由大改小，可先拧外侧轨枕螺栓，再拧内侧轨枕螺栓；反之则先拧内侧轨枕螺栓，再拧外侧轨枕螺栓。在拧螺栓过程中，随时控制好轨向，防止挤动钢轨。

4.3.4.4 调整对面股轨距。用轨距尺量轨距，根据轨距大小采用翻转扣板或轨距挡板、尼龙挡板座等方法进行调试，并整修胶垫、螺杆，上紧扣件。

4.3.4.5 整修不合格处所。整修不合格轨距，同时注意轨距变化率，应符合标准，然后整修扭矩不达标的联结扣件。

4.3.5 作业质量回检。

4.3.5.1 施工负责人按作业标准进行质量回检。

4.3.5.2 施工负责人指定专人检查作业区域内的工机具、材料，防止遗漏，严格执行"工完料清"制度。

4.3.6 撤除防护，开通线路。

4.3.6.1 施工负责人和现场防护员共同清点，确认作业人员及工机具、材料全部撤出至防护栅栏外安全区域。

4.3.6.2 现场防护员根据施工负责人的命令撤除现场防护，清点防护工具，封闭栅栏门。

4.3.6.3 施工负责人命令驻站联络员开通线路。

4.3.6.4 驻站联络员在车站办理销记手续，开通线路。

4.3.7 收工，召开总结会。

4.4 作业标准。

4.4.1 正线、到发线及其他站线轨距均不得超过−2 mm～6 mm。

4.4.2 轨距变化率除规定递减部分外，正线及到发线不得大于 2‰，其他线路不得大于 3‰，并不得有碎弯。

4.4.3 轨向偏差正线及到发线不得超过 4 mm，其他站线及专用线不得超过 5 mm。

4.4.4 弹条扣件螺栓扭矩应保持在 80～150 N·m。

4.4.5 改道时，要把串动、歪斜的大胶垫整好。轨枕位置不正影响改道质量的，要结合方枕或串枕等项目同时进行。

5 安全措施

5.1 作业人员必须按规定使用个人防护用品，防护员必须穿戴防护服，佩戴防护标志，带齐防护用品。

5.2 现场防护员与驻站联络员用对讲机或有线电话 3～5 min 联控一次，做好记录，认真做好信息预报、确报等防护工作。

5.3 在道岔转辙部分改道时，必须与电务部门联系并有人员到场配合。

5.4 在轨道电路地段，要防止工具、材料联电，撬棍等金属长柄工具应加绝缘套，绝缘接头的扣板或铁座不能与中间扣板等混用。

5.5 多人在一起作业时，应统一指挥，相互间应保持一定的安全距离，防止工具碰撞伤人。

5.6 作业中，须跨越线路时，必须设置专人防护，按照"手比、眼看、口呼"制度，确认无车时方可通过。

三、调整轨缝作业指导书

1 主题内容及适用范围

1.1 本作业指导书规定了调整轨缝作业程序、项目、内容及相关标准。

1.2 本作业指导书适用于液压轨缝调整器调整轨缝作业。

2 作业目的

2.1 线路爬行和钢轨接头、道岔尖轨相错超限，或轨缝严重不均匀，均应进行调整轨缝，防止轨缝过大造成低接头，压伤轨头和拉断螺栓等接头病害，轨缝过小易造成绝缘顶死或瞎缝发生信号红光带，甚至发生胀轨跑道。

2.2 发现并消除隐患，确保设备质量符合调整轨缝作业标准，避免接头病害或胀轨跑道发生。

3 作业流程图（见图3）

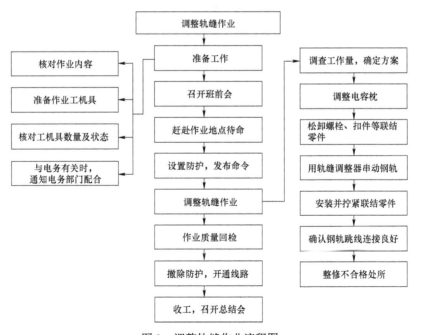

图3 调整轨缝作业流程图

4 作业条件、程序及相关标准

4.1 作业条件。

4.1.1 施工负责人由工班长及以上职位人员担任。

4.1.2 利用维修天窗或施工天窗作业，车站设驻站联络员，现场设现场防护员，用对讲机或有线电话联控。

4.1.3 成段调整轨缝，拆开接头并插入短轨头作业，办理封锁施工手续，设置移动停车信号防护。施工封锁完毕放行列车时，第一列车速 45 km/h、第二列车速 60 km/h，其后车速正常。

4.1.4 在轨道电路、电气化区段，应有电务和供电人员配合。

4.1.5 站内道岔作业时，应明确作业影响范围。

4.2 准备工作。

4.2.1 核对作业内容，包括作业地点、作业项目及内容。

4.2.2 准备作业工机具，包括 T 型套筒扳手、定扭矩电扳手、活扳手、撬棍、轨缝调整器、钢直尺、长效油脂、刷子、轨温计、道钉锤、轨缝塞尺、方尺、板尺、木片、短轨头、长孔夹板等。

4.2.3 核对工机具数量及状态。

4.2.3.1 施工负责人对当日使用的量具进行检查核对。

4.2.3.2 施工负责人对作业工机具进行核对，并检查机具的状态，以及液压油是否足量、有无漏油。

4.2.4 与电务有关时，通知电务部门配合。

4.3 作业项目、内容及流程。

4.3.1 召开班前会。

4.3.1.1 工班长点名，布置工作。明确分工、作业项目、作业内容、作业时间，提出作业要求。

4.3.1.2 安全预想，提出防控措施，检查防护用品。

4.3.2 赶赴作业地点待命。

4.3.3 设置防护，发布命令。

4.3.3.1 作业前 60 min，驻站联络员与车站值班员联系，在车站登记，认真做好信息预报、确报，调度命令下达后，立即通知施工负责人及现场防护员。

4.3.3.2 现场防护员打开封闭的栅栏门，按规定设置好防护后，立即通知施工负责人防护设置完毕。

4.3.3.3 施工负责人核对施工命令、计划、地点，确认防护到位后，通知作业人员上道作业。

4.3.4 调整轨缝作业。

4.3.4.1 调查工作量，确定方案。现场调查测量轨缝及爬行、接头相错情况。确定轨缝调整量及方案，计算每根钢轨的串动量、串动方向。

4.3.4.2 调整电容枕。根据现场调查及计算结果，调整作业地段内由于钢轨串动需要调整的电容枕。

4.3.4.3 松卸螺栓、扣件等连接零件。

4.3.4.3.1 松动扣件、轨距杆螺栓。

4.3.4.3.2 不拆开接头调整轨缝时，松开需串动钢轨接头两端的螺栓至弹簧垫圈松弛为止。

4.3.4.3.3 拆开接头调整轨缝时，松开接头一端的螺栓，卸下接头另一端的螺栓。

4.3.4.4 用轨缝调整器串动钢轨。由施工负责人指挥，按计算的钢轨串动量和串动方向串动钢轨。

4.3.4.5 安装并拧紧连接零件。钢轨调整串动到位后，整正偏斜或更换失效胶垫，拧紧接头螺栓，紧固轨枕扣件及轨距杆螺栓，安装防爬设备。

4.3.4.6 确认钢轨跳线连接良好。

4.3.4.7 整修不合格处所。复查轨缝情况，整修不合格轨距、方向，同时注意轨距变化率，应符合标准，然后复紧接头螺栓，整修扭矩不达标的联结扣件。

4.3.5 作业质量回检。

4.3.5.1 施工负责人按作业验收标准进行质量回检。

4.3.5.2 施工负责人指定专人检查作业区域内的工机具、材料，防止遗漏，严格执行"工完料清"制度。

4.3.6 撤除防护，开通线路。

4.3.6.1 施工负责人和现场防护员共同清点，确认作业人员及工机具、材料全部撤出至防护栅栏外安全区域。

4.3.6.2 现场防护员根据施工负责人的命令撤除现场防护，清点防护工具，封闭栅栏门。

4.3.6.3 施工负责人命令驻站联络员开通线路。

4.3.6.4 驻站联络员在车站办理销记手续，开通线路。

4.3.7 收工，召开总结会。

4.4 作业标准。

4.4.1 在夏季前或冬季前安排调整轨缝作业。

4.4.2 不得有 3 个连续瞎缝或大于构造轨缝 18 mm，绝缘轨缝不得小于 6 mm。轨缝应设置均匀。

4.4.3 接头相对，直线偏差不大于 40 mm，曲线偏差不大于"40 mm+缩短轨缩短量一半"。

4.4.4 弹条扣件螺栓扭矩应保持在 80～150 N·m。

4.4.5 使用液压轨缝调整器调整轨缝时，25 m 钢轨每次串动一根，12.5 m 钢轨每次串动不超过两根，预留轨缝。

5 安全措施

5.1 作业人员必须按规定使用个人防护用品，防护员必须穿戴防护服，佩戴防护标志，带齐防护用品。

5.2 现场防护员与驻站联络员用对讲机或有线电话 3～5 min 联控一次，做好记录，认真做好信息预报、确报等防护工作。

5.3 轨道电路地段，要防止工具、材料联电。金属长柄工具应加绝缘套，在绝缘接头处作业时扳手应加绝缘套。

5.4 严禁以手指探摸螺孔，严禁坐在钢轨上卸、紧螺栓。

5.5 多人在一起作业时，应统一指挥，相互间应保持一定的安全距离，防止工具碰撞伤人。

5.6 作业中，须跨越线路时，必须设置专人防护，按照"手比、眼看、口呼"制度，确认无车时方可通过。

四、整治接头病害作业指导书

1 主题内容及适用范围

1.1 本作业指导书规定接头病害整治作业程序、项目、内容及相关标准。

1.2 本作业指导书适用于线路设备养修工作。

2 作业目的

2.1 发现并消除隐患，确保设备质量符合整治接头作业标准，消除接头病害，确保线路安全畅通。

3 作业流程图（见图 4）

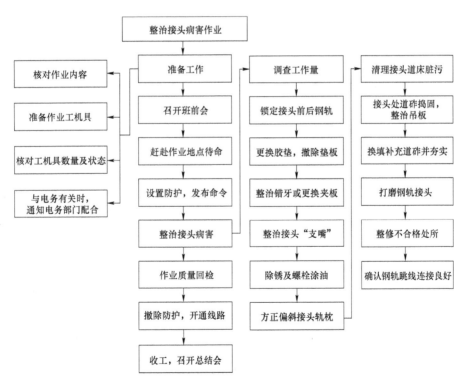

图 4　整治接头病害作业流程图

4 作业条件、程序及相关标准

4.1 作业条件。

4.1.1 施工负责人由工班长及以上职位人员担任。

4.1.2 利用维修天窗或施工天窗作业，车站设驻站联络员，现场设现场防护员，用对讲机或有线电话联控。

4.1.3 更换绝缘接头夹板时，办理封锁施工手续，设置移动停车信号防护，施工封锁完毕放行列车或单机时速度正常。

4.1.4 站内道岔作业时，应明确作业影响范围。

4.2 准备工作。

4.2.1 核对作业内容，包括作业地点、作业项目及内容。

4.2.2 准备作业工机具，包括轨距尺、钢直尺、同类型的夹板、撬棍、起道机、捣固机、倒棱器、角磨机、发电机、扳手、油桶、扁铲、钢丝刷、扫帚、油刷、道砟叉。

4.2.3 核对工机具数量及状态。

4.2.3.1 施工负责人对当日使用的量具进行检查核对。

4.2.3.2 施工负责人对作业工机具进行核对，并检查机具的状态，以及液压油是否足量、有无漏油。

4.2.4 与电务有关时，通知电务部门配合。

4.3 作业项目、内容及流程。

4.3.1 召开班前会。

4.3.1.1 工班长点名，布置工作。明确分工、作业项目、作业内容、作业时间，提出作业要求。

4.3.1.2 安全预想，提出防控措施，检查防护用品。

4.3.2 赶赴作业地点待命。

4.3.3 设置防护，发布命令。

4.3.3.1 作业前 60 min，驻站联络员与车站值班员联系，在车站登记，认真做好信息预报、确报，调度命令下达后，立即通知施工负责人及现场防护员。

4.3.3.2 现场防护员打开封闭的栅栏门，按规定设置好防护后，立即通知施工负责人防护设置完毕。

4.3.3.3 施工负责人核对施工命令、计划、地点，确认防护到位后，通知作业人

员上道作业。

4.3.4 整治接头病害作业。

4.3.4.1 调查工作量。测量接头错牙及前后接头的轨缝情况，查看接头螺栓是否好松卸，检查接头垫板、空吊情况，是否翻浆冒泥，连接零件是否缺少，以及接头轨枕偏斜情况。

4.3.4.2 锁定接头前后钢轨。将接头前后两根钢轨的扣件拧紧，若有失效和缺少的，应一并补充齐全，防止拆开接头后轨缝变化影响连接。

4.3.4.3 更换失效胶垫，撤除垫板。松卸接头及前后扣件，整正偏斜或窜出胶垫、更换失效胶垫，撤除垫板。

4.3.4.4 整治错牙或更换夹板。将接头螺栓卸掉，消灭接头错牙，绝缘接头需将绝缘零件取出，用撬棍尖撬出夹板，检查钢轨轨腹、轨端及螺栓孔有无裂纹，如有伤损，需进行更换。遇有绝缘接头轨端、套筒绝缘性能不良时，需由电务人员配合一并更换，并对轨端和螺栓孔进行倒棱。

4.3.4.5 整治接头"支嘴"。根据支嘴程度，适当增加外股下道床厚度，分层次夯拍，调换里外口夹板，利用夹板的反弯控制支嘴。

4.3.4.6 除锈及螺栓涂油。用扁铲和钢丝刷对轨端、螺栓孔及夹板上下缘除锈，在螺栓上均匀涂油。

4.3.4.7 方正偏斜接头轨枕。对接头处间距偏差大或偏斜轨枕进行调整、拉方，确保轨枕均匀布置，如有失效须进行更换。

4.3.4.8 清理接头道床脏污。根据道床不洁程度进行清理，整治翻浆冒泥，保持道床弹性和排水良好。

4.3.4.9 接头捣固，整治吊板。对接头高低（空吊、暗吊）、低接头进行捣固，并做好前后顺坡，以保持接头的稳定性。

4.3.4.10 换填补充道砟并夯实。回填镐窝，更换接头处的石砟，补充并夯实，以免板结，失去弹性。道床应保持饱满、密实、均匀和整齐。

4.3.4.11 打磨接头。使用打磨机对马鞍型接头、接头肥边进行打磨，消灭接头不平顺。

4.3.4.12 整修不合格处所。复查接头轨缝、错牙情况，整修不合格轨距、高低，同时注意轨距变化率，应符合标准，然后复紧接头螺栓，整修扭矩不达标的联结扣件。

4.3.4.13 确认钢轨跳线连接良好。

4.3.5 作业质量回检。

4.3.5.1 施工负责人按作业验收标准进行质量回检。

4.3.5.2 施工负责人指定专人检查作业区域内的工机具、材料，防止遗漏，严格执行"工完料清"制度。

4.3.6 撤除防护，开通线路。

4.3.6.1 施工负责人和现场防护员共同清点，确认作业人员及工机具、材料全部撤出至防护栅栏外安全区域。

4.3.6.2 现场防护员根据施工负责人的命令撤除现场防护，清点防护工具，封闭栅栏门。

4.3.6.3 施工负责人命令驻站联络员开通线路。

4.3.6.4 驻站联络员在车站办理销记手续，开通线路。

4.3.7 收工，召开总结会。

4.4 作业标准。

4.4.1 接头处无支嘴，无轨端肥边，无坍塌接头，无低接头，无失效轨枕，无翻浆冒泥道床。接头错牙用 1 m 钢直尺测量，在正线及到发线上不超过 1 mm，在其他站线上不超过 2 mm。

4.4.2 弹条扣件螺栓扭矩应保持在 80～150 N·m。

4.4.3 轨枕间距偏差，正线及到发线线路不大于 50 mm，其他站线线路不大于 60 mm；正线及到发线道岔不大于 40 mm（钢枕为 20 mm），其他站线道岔不大于 50 mm。

5 安全措施

5.1 作业人员必须按规定使用个人防护用品，防护员必须穿戴防护服，佩戴防护标志，带齐防护用品。

5.2 现场防护员与驻站联络员用对讲机或有线电话 3～5 min 联控一次，做好记录，认真做好信息预报、确报等防护工作。

5.3 轨道电路地段，要防止工具、材料联电。金属长柄工具应加绝缘套，在绝缘接头处作业时扳手应加绝缘套。

5.4 多人在一起作业时，应统一指挥，相互间应保持一定的安全距离，防止工具碰撞伤人。

5.5 作业中，须跨越线路时，必须设置专人防护，按照"手比、眼看、口呼"制度，确认无车时方可通过。

五、单根更换钢轨作业指导书

1 主题内容及适用范围

1.1 本作业指导书规定单根更换钢轨作业程序、项目、内容及相关标准。

1.2 本作业指导书适用于线路设备养修工作。

2 作业目的

2.1 更换经鉴定为伤损的钢轨，恢复轨道完整、良好状态。

3 作业流程图（见图 5）

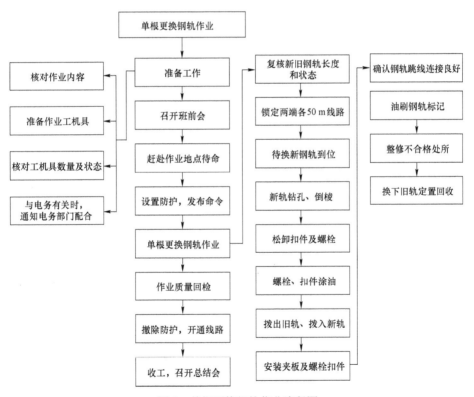

图 5 单根更换钢轨作业流程图

4　作业条件、程序及相关标准

4.1　作业条件。

4.1.1　施工负责人由工班长及以上职位人员担任。

4.1.2　利用维修天窗或施工天窗作业，车站设驻站联络员，现场设现场防护员，用对讲机或有线电话联控。

4.1.3　办理封锁施工手续，设置移动停车信号防护，施工封锁完毕放行列车或单机时速度正常。

4.1.4　在轨道电路地段，应有电务人员配合。

4.1.5　站内道岔作业时，应明确作业影响范围。

4.2　准备工作。

4.2.1　核对作业内容，包括作业地点、作业项目及内容。

4.2.2　准备作业工机具，包括起道机、改道器、内燃螺栓扳手、长效油脂、刷子、石笔、抬杠、抬轨卡、撬棍、翻轨器、吊轨车、道钉锤、活扳手、T型套筒扳手、锯轨机、钻孔机、发电机、钢卷尺、轨距尺、轨温计、弦绳、钢直尺、钢轨及其他需更换的连接零件。

4.2.3　核对工机具数量及状态。

4.2.3.1　施工负责人对当日使用的量具进行检查核对。

4.2.3.2　施工负责人对作业工机具进行核对，并检查机具的状态，以及液压油是否足量、有无漏油。

4.2.4　与电务有关时，通知电务部门配合。

4.3　作业项目、内容及流程。

4.3.1　召开班前会。

4.3.1.1　工班长点名，布置工作。明确分工、作业项目、作业内容、作业时间，提出作业要求。

4.3.1.2　安全预想，提出防控措施，检查防护用品。

4.3.2　赶赴作业地点待命。

4.3.3　设置防护，发布命令。

4.3.3.1　作业前 60 min，驻站联络员与车站值班员联系，在车站登记，认真做好信息预报、确报，调度命令下达后，立即通知施工负责人及现场防护员。

4.3.3.2 现场防护员打开封闭的栅栏门，按规定设置好防护后，立即通知施工负责人防护设置完毕。

4.3.3.3 施工负责人核对施工命令、计划、地点，确认防护到位后，通知作业人员上道作业。

4.3.4 单根更换钢轨作业。

4.3.4.1 复核新旧钢轨长度和状态。考虑旧轨拨出后两端钢轨的伸长或缩短量，普轨地段还需测量前后五至六节轨接头轨缝大小，如有连续瞎缝或大轨缝，应调整。

4.3.4.2 锁定两端各 50 m 线路。对作业地段两端线路进行扣件拧紧，锁定线路。

4.3.4.3 待换新钢轨到位。将新钢轨搬运放置于所换钢轨外侧路肩，防止跳动，不得侵入限界。

4.3.4.4 新轨钻孔、倒棱。将钻孔机安装在钢轨上，安平、安牢，钻孔后必须对眼孔倒棱。

4.3.4.5 松卸扣件及螺栓。

4.3.4.5.1 卸掉全部接头螺栓、夹板及轨枕扣件。

4.3.4.5.2 拆卸影响换轨的设备，需电务人员配合。

4.3.4.6 螺栓、扣件涂油。在卸下的接头螺栓、轨枕扣件及螺杆上均匀涂油。

4.3.4.7 拨出旧轨、拨入新轨。用翻轨器拨出线上钢轨，拨入待换钢轨，使轨底落槽。拨轨时，将钢轨抬高，以免碰伤螺栓。

4.3.4.8 安装夹板及螺栓、扣件。安装夹板及螺栓，连接钢轨，整正胶垫，安装扣件，方正轨枕。

4.3.4.9 确认钢轨跳线连接良好。

4.3.4.10 油刷钢轨标记。按照标志图集上的油刷规定，在新钢轨上油刷轨号标记，当该钢轨上涉及位移标记时，应恢复观测标记，且须完整、准确、清晰。

4.3.4.11 整修不合格处所。复查接头轨缝、错牙情况，整修不合格轨距，同时注意轨距变化率，应符合标准，然后复紧接头螺栓，整修扭矩不达标的联结扣件。

4.3.4.12 换下旧轨定置回收。把换下的钢轨拨到定置地点放好，并打上明显的伤损标记，等待回收（有能力回收的，可以立即回收）。

4.3.5 作业质量回检。

4.3.5.1 施工负责人按作业标准进行质量回检。

4.3.5.2 复查扣件、弹条状态是否符合标准，用长扳手复紧螺栓，使扭矩达标。

4.3.5.3 施工负责人指定专人检查作业区域内的工机具、材料,防止遗漏,严格执行"工完料清"制度。

4.3.6 撤除防护,开通线路。

4.3.6.1 施工负责人和现场防护员共同清点,确认作业人员及工机具、材料全部撤出至防护栅栏外安全区域。

4.3.6.2 现场防护员根据施工负责人的命令撤除现场防护,清点防护工具,封闭栅栏门。

4.3.6.3 施工负责人命令驻站联络员开通线路。

4.3.6.4 驻站联络员在车站办理销记手续,开通线路。

4.3.7 收工,召开总结会。

4.4 作业标准。

4.4.1 换入的钢轨须确认无伤损、无超期,换入钢轨与线路上相邻钢轨的轨型应一致,接头错牙用 1 m 钢直尺测量,在正线及到发线上不超过 1 mm,在其他站线上不超过 2 mm。

4.4.2 扣件质量标准。

4.4.2.1 扣件应保持齐全,位置正确,作用良好。

4.4.2.2 弹条扣件螺栓扭矩应保持在 80～150 N·m。

4.4.3 换轨后的技术资料要及时修改,做到齐全、规范。

5 安全措施

5.1 作业人员必须按规定使用个人防护用品,防护员必须穿戴防护服,佩戴防护标志,带齐防护用品。

5.2 现场防护员与驻站联络员用对讲机或有线电话 3～5 min 联控一次,做好记录,认真做好信息预报、确报等防护工作。

5.3 待换钢轨到位时,不得超限,距离线路上钢轨头部外侧不少于 150 mm,轨面超出线路上钢轨不大于 25 mm。

5.4 轨道电路地段,要防止工具、材料联电。金属长柄工具应加绝缘套,在绝缘接头处作业时扳手应加绝缘套。

5.5 翻动钢轨或拨钢轨时,要指派业务熟悉、体力较好的人员进行,同时应喊号使动作一致。作业中注意人身安全,除翻轨人员外,其他人不能站在钢轨两侧及附近,防止钢轨及撬棍伤人。

5.6 用锯轨机切割钢轨时，其他人员应远离锯轨机两侧和前方，防止锯片碎裂伤人。钻孔后，作业人员不得用手指触摸新成螺孔壁，以防划伤手指。

5.7 多人在一起作业时，应统一指挥，相互间应保持一定的安全距离，防止工具碰撞伤人。

5.8 作业中，须跨越线路时，必须设置专人防护，按照"手比、眼看、口呼"制度，确认无车时方可通过。

六、更换道岔尖轨作业指导书

1 主题内容及适用范围

1.1 本作业指导书规定更换道岔尖轨作业程序、项目、内容及相关标准。

1.2 本作业指导书适用于普通单开道岔、对称道岔设备的养修工作。

2 作业目的

2.1 更换伤损尖轨，防止对行车安全造成威胁，使设备状态良好。

3 作业流程图（见图6）

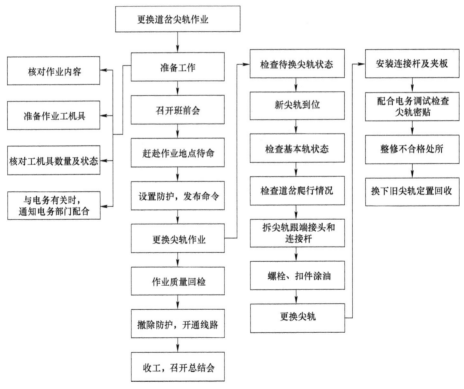

图6 更换道岔尖轨作业流程图

4 作业条件、程序及相关标准

4.1 作业条件。

4.1.1 施工负责人由站区副主任及以上职位人员担任（维修项目较多时可委托站区管理人员担任）。

4.1.2 利用维修天窗或施工天窗作业，车站设驻站联络员，现场设现场防护员，用对讲机或有线电话联控。

4.1.3 办理封锁施工手续，设置移动停车信号防护，施工封锁完毕放行列车或单机时速度正常。

4.1.4 通知电务人员配合。

4.1.5 站内道岔作业时，应明确作业影响范围。

4.2 准备工作。

4.2.1 核对作业内容，包括作业地点、作业项目及内容。

4.2.2 准备作业工机具，包括内燃螺栓扳手或电动扳手、T 型套筒扳手、加力扳手、活扳手、撬棍、翻轨器、吊轨车、道钉锤、轨距尺、改道器、钢卷尺、长效油脂、备用零配件、待换尖轨、回流线，无缝道岔应带切、焊轨工具。

4.2.3 核对工机具数量及状态。

4.2.3.1 施工负责人对当日使用的量具进行检查核对。

4.2.3.2 施工负责人对作业工机具进行核对，并检查机具的状态，以及液压油是否足量、有无漏油。

4.2.4 与电务有关时，通知电务部门配合。

4.3 作业项目、内容及流程。

4.3.1 召开班前会。

4.3.1.1 施工负责人点名，布置工作。明确分工、作业项目、作业内容、作业时间，提出作业要求。

4.3.1.2 安全预想，提出防控措施，检查防护用品。

4.3.2 赶赴作业地点待命。

4.3.3 设置防护，发布命令。

4.3.3.1 作业前 60 min，驻站联络员与车站值班员联系，在车站登记，认真做好信息预报、确报，调度命令下达后，立即通知施工负责人及现场防护员。

4.3.3.2 现场防护员打开封闭的栅栏门，按规定设置好防护后，立即通知施工负责人防护设置完毕。

4.3.3.3 施工负责人核对施工命令、计划、地点，确认防护到位后，通知作业人员上道作业。

4.3.4 更换尖轨作业。

4.3.4.1 检查待换尖轨状态。

检查待换尖轨型号、长度、左右开向及有无弓背、翘头，确保符合要求，尖轨与各连接杆相连接的孔眼位置是否符合要求。

4.3.4.2 新尖轨到位。将新尖轨搬运放置于所换尖轨外侧路肩，防止跳动，不得侵入限界。

4.3.4.3 检查基本轨状态。

4.3.4.3.1 检查基本轨的高度，当基本轨磨耗与尖轨不符时，应将基本轨一同更换。

4.3.4.3.2 如果基本轨有肥边，打磨基本轨作用边的肥边，对未经倒棱的螺栓孔和轨端进行倒棱。

4.3.4.4 检查道岔爬行情况。若爬行量超过 20 mm 影响尖轨更换，应结合施工予以整治。

4.3.4.5 拆尖轨跟端接头和连接杆。卸下连接杆和尖轨跟端接头螺栓、间隔铁扣件，套上螺帽后放在就近轨枕面上，卸下接头夹板，并及时更换伤损螺栓。

4.3.4.6 螺栓、扣件涂油。在卸下的接头螺栓、轨枕扣件及螺杆上均匀涂油。

4.3.4.7 更换尖轨。拨出旧尖轨并抬放在线路外安全地点，抬进新尖轨并拨至尖轨位置，使轨底落槽。

4.3.4.8 安装连接杆及夹板。安装间隔铁或限位器，安装夹板，并穿入各种螺栓，安装轨撑、轨枕扣件。

4.3.4.9 配合电务人员调试检查尖轨密贴。检查、改正尖轨部分几何尺寸，调整好尖轨开程、动程，以及轮缘槽尺寸、竖切部分密贴状况，确认状态良好。

4.3.4.10 整修不合格处所。复查接头轨缝、错牙情况，整修不合格轨距、高低，同时注意轨距变化率，应符合标准，然后复紧接头螺栓，整修扭矩不达标的联结扣件。

4.3.4.11 换下旧尖轨定置回收。把换下的尖轨拨到定置地点放好，并打上明显的伤损标记，等待回收（有能力回收的，可以立即回收）。

4.3.5 作业质量回检。

4.3.5.1 施工负责人按作业验收标准进行质量回检。

4.3.5.2 复查扣件、弹条状态是否符合标准，用扳手复紧螺栓，使扭矩达标。

4.3.5.3 施工负责人指定专人检查作业区域内的工机具、材料，防止遗漏，严格执行"工完料清"制度。

4.3.6 撤除防护，开通线路。

4.3.6.1 施工负责人和现场防护员共同清点，确认作业人员及工机具、材料全部撤出至防护栅栏外安全区域。

4.3.6.2 现场防护员根据施工负责人的命令撤除现场防护，清点防护工具，封闭栅栏门。

4.3.6.3 施工负责人命令驻站联络员开通线路。

4.3.6.4 驻站联络员在车站办理销记手续，开通线路。

4.3.7 收工，召开总结会。

4.4 作业标准。

4.4.1 尖轨在第一拉杆中心处的最小动程：直尖轨为 142 mm，曲尖轨为 152 mm。AT 型弹性可弯尖轨 12 号普通道岔为 180 mm，12 号提速道岔为 160 mm。其他型号道岔按标准图或设计图办理。

4.4.2 尖轨非工作边与基本轨工作边的最小距离为 65 mm，容许误差为−2 mm。

4.4.3 尖跟接头错牙用 1 m 钢直尺测量，在正线及到发线上不超过 1 mm，在其他站线上不超过 2 mm。

4.4.4 尖轨部分各连接零件齐全，作用良好，限位器 T 型铁和 U 型铁之间的间隙符合前后各 7 mm 的要求。

5 安全措施

5.1 作业人员必须按规定使用个人防护用品，防护员必须穿戴防护服，佩戴防护标志，带齐防护用品。

5.2 现场防护员与驻站联络员用对讲机或有线电话 3～5 min 联控一次，做好记录，认真做好信息预报、确报等防护工作。

5.3 待换尖轨到位时，不得超限，距离线路上钢轨头部外侧不少于 150 mm，轨面超出线路上钢轨不大于 25 mm。

5.4 在轨道电路地段，要防止工具、材料联电。金属长柄工具应加绝缘套，在绝缘接头处作业时扳手应加绝缘套。

　　5.5　翻动尖轨时，派有经验人员操作，其他人员远离撬棍可能弹到的和钢轨翻动后可能触及的地方，禁止直接用手翻动。抬运尖轨时，作业人员要动作一致，防止碰伤手脚。

七、更换道岔基本轨作业指导书

1　主题内容及适用范围

1.1　本作业指导书规定更换道岔基本轨作业程序、项目、内容及相关标准。

1.2　本作业指导书适用于普通单开道岔、对称道岔设备的养修工作。

2　作业目的

2.1　更换道岔伤损超过《铁路线路修理规则》规定或伤损无法修理的基本轨，使设备状态良好。

3　作业流程图（见图 7）

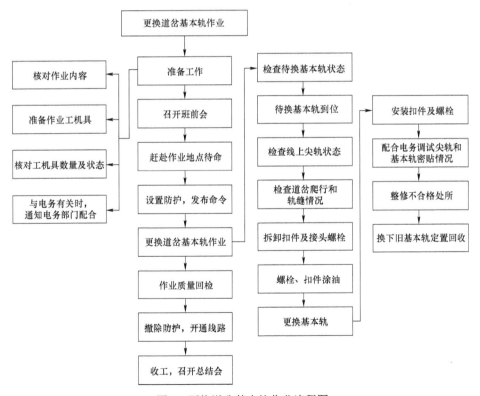

图 7　更换道岔基本轨作业流程图

4 作业条件、程序及相关标准

4.1 作业条件。

4.1.1 施工负责人由站区副主任及以上职位人员担任（维修项目较多时可委托站区管理人员担任）。

4.1.2 利用维修天窗或施工天窗作业，车站设驻站联络员，现场设现场防护员，用对讲机或有线电话联控。

4.1.3 办理封锁施工手续，设置移动停车信号防护，施工封锁完毕放行列车或单机时速度正常。

4.1.4 通知电务人员配合。

4.1.5 站内道岔作业时，应明确作业影响范围。

4.2 准备工作。

4.2.1 核对作业内容，包括作业地点、作业项目及内容。

4.2.2 准备作业工机具，包括 30 m 钢卷尺、轨距尺、方尺、1 m 钢直尺、撬棍、起钉垫、起钉器、直钉器、道钉锤、起道机、450 mm 和 200 mm 活扳手、ϕ24 单口扳手、T 型套筒扳手、克丝钳、剁子、抬运钢轨机具、定扭矩电扳手（280～1 000 N·m）、轨温计、石笔等，以及 70 mm² 的铜导线等（电气化区段）、钩锁器。

4.2.3 核对工机具数量及状态。

4.2.3.1 施工负责人对当日使用的量具进行检查核对。

4.2.3.2 施工负责人对作业工机具进行核对，并检查机具的状态，以及有无漏油。

4.2.4 与电务有关时，通知电务部门配合。

4.3 作业项目、内容及流程。

4.3.1 召开班前会。

4.3.1.1 施工负责人点名，布置工作。明确分工、作业项目、作业内容、作业时间，提出作业要求。

4.3.1.2 安全预想，提出防控措施，检查防护用品。

4.3.2 赶赴作业地点待命。

4.3.3 设置防护，发布命令。

4.3.3.1 作业前 60 min，驻站联络员与车站值班员联系，在车站登记，认真做好信息预报、确报，调度命令下达后，立即通知施工负责人及现场防护员。

4.3.3.2 现场防护员打开封闭的栅栏门，按规定设置好防护后，立即通知施工负责人防护设置完毕。

4.3.3.3 施工负责人核对施工命令、计划、地点，确认防护到位后，通知作业人员上道作业。

4.3.4 更换道岔基本轨作业。

4.3.4.1 检查待换基本轨状态。检查待换基本轨有无伤损，以及基本轨状态、型号、长度及各种螺栓孔位置、大小、左右开向，是否符合要求。对于曲股基本轨，还要检查曲折点位置和曲折量等。

4.3.4.2 待换基本轨到位。将新基本轨搬运放置于所换钢轨外侧路肩，防止跳动，不得侵入限界。

4.3.4.3 检查线上尖轨状态。检查尖轨的高度，当尖轨磨耗与新基本轨不符时，将尖轨一同更换。

4.3.4.4 检查道岔爬行和轨缝情况。检查道岔爬行和基本轨前后轨缝情况，当爬行产生的接头直角错位差超过 20 mm，影响基本轨更换时，则应在天窗点内先整治爬行，并确保基本轨更换后仍留有适当的轨缝。

4.3.4.5 拆卸扣件及接头螺栓。卸下尖轨跟部接头螺栓，套上螺帽后放在就近轨枕面上，卸下接头夹板，并及时更换伤损螺栓。

4.3.4.6 螺栓、扣件涂油。在卸下的接头螺栓、轨枕扣件及螺杆上均匀涂油。

4.3.4.7 更换基本轨，倒棱倒角。拨出旧基本轨并抬放到线路外安全地点，抬进新基本轨并拨至基本轨位置，使轨底落槽，并对螺栓孔、轨端进行倒棱、倒角处理。

4.3.4.8 安装扣件及螺栓。安装间隔铁或限位器，安装夹板，并穿入各种螺栓，安装轨枕扣件。

4.3.4.9 配合电务调试检查尖轨和基本轨密贴情况。检查、改正尖轨部分几何尺寸，调整好尖轨开程、动程，以及轮缘槽尺寸、竖切部分密贴状况，确认状态良好。

4.3.4.10 整修不合格处所。复查接头轨缝、错牙情况，整修不合格轨距、高低，同时注意轨距变化率，应符合标准，然后复紧接头螺栓，整修扭矩不达标的联结扣件。

4.3.4.11 换下旧基本轨定置回收。把换下的基本轨拨到定置地点放好，并打上明显的伤损标记，待回收（有能力回收的，可以立即回收）。

4.3.5 作业质量回检。

4.3.5.1 施工负责人按作业标准进行质量回检。

4.3.5.2 施工负责人指定专人检查作业区域内的工机具、材料，防止遗漏，严格执行"工完料清"制度。

4.3.6 撤除防护，开通线路。

4.3.6.1 施工负责人和现场防护员共同清点，确认作业人员及工机具、材料全部撤出至防护栅栏外安全区域。

4.3.6.2 现场防护员根据施工负责人的命令撤除现场防护，清点防护工具，封闭栅栏门。

4.3.6.3 施工负责人命令驻站联络员开通线路。

4.3.6.4 驻站联络员在车站办理销记手续，开通线路。

4.3.7 收工，召开总结会。

4.4 作业标准。

4.4.1 尖轨非工作边与基本轨工作边的最小距离为 65 mm，容许误差为−2 mm。

4.4.2 接头错牙用 1 m 钢直尺测量，在正线及到发线上不超过 1 mm，在其他站线上不超过 2 mm。

4.4.3 尖轨在第一拉杆中心处的最小动程：直尖轨为 142 mm，曲尖轨为 152 mm。AT 型弹性可弯尖轨 12 号普通道岔为 180 mm，12 号提速道岔为 160 mm，其他型号道岔按标准图或设计图办理。

4.4.4 扣件质量标准：扣件应保持齐全，位置正确，作用良好，弹条扣件螺栓扭矩应保持在 80～150 N · m。

4.4.5 更换后的基本轨与尖轨要密贴，基本轨与滑床板、轨撑连接牢固。

5 安全措施

5.1 作业人员必须按规定使用个人防护用品，防护员必须穿戴防护服，佩戴防护标志，带齐防护用品。

5.2 现场防护员与驻站联络员用对讲机或有线电话 3～5 min 联控一次，做好记录，认真做好信息预报、确报等防护工作。

5.3 待换钢轨到位时，不得超限，距离线路上钢轨头部外侧不少于 150 mm，轨面超出线路上钢轨不大于 25 mm。

5.4 在轨道电路地段，要防止工具、材料联电。金属长柄工具应加绝缘套，在绝缘接头处作业时扳手应加绝缘套。

5.5 翻动基本轨时，应指派有经验人员操作，其他人员远离撬棍可能弹到的和钢轨翻动后可能触及的地方。禁止直接用手翻动。抬运基本轨时，作业人员要动作一致，防止碰伤手脚。

5.6 多人在一起作业时，应统一指挥，相互间应保持一定的安全距离，防止工具碰撞伤人。

5.7 作业中，须跨越线路时，必须设置专人防护，按照"手比、眼看、口呼"制度，确认无车时方可通过。

八、更换道岔护轨作业指导书

1 主题内容及适用范围

1.1 本作业指导书规定单根更换伤损、磨耗及其他不良的道岔护轨作业程序、项目、内容及相关标准。

1.2 本作业指导书适用于道岔设备的护轨养修工作。

2 作业目的

2.1 发现并消除隐患，确保设备质量符合更换道岔护轨作业标准，保证辙叉护轨各部分尺寸良好，确保行车安全。

3 作业流程图（见图8）

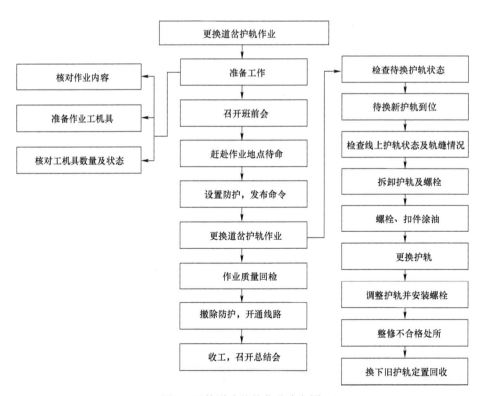

图8 更换道岔护轨作业流程图

4　作业条件、程序及相关标准

4.1　作业条件。

4.1.1　施工负责人由工班长及以上职位人员担任。

4.1.2　利用维修天窗或施工天窗作业，车站设驻站联络员，现场设现场防护员，用对讲机或有线电话联控。

4.1.3　办理封锁施工手续，设置移动停车信号防护，施工封锁完毕放行列车或单机时速度正常。

4.1.4　站内道岔作业时，应明确作业影响范围。

4.2　准备工作。

4.2.1　核对作业内容，包括作业地点、作业项目及内容。

4.2.2　准备作业工机具，包括轨距尺、钢卷尺、撬棍、大锤、扳手、石笔、油桶、螺栓螺帽、压机等工具。

4.2.3　核对工机具数量及状态。

4.2.3.1　施工负责人对当日使用的量具进行检查核对。

4.2.3.2　施工负责人对作业工机具进行核对，并检查机具的状态，以及液压油是否足量、有无漏油。

4.3　作业项目、内容及流程。

4.3.1　召开班前会。

4.3.1.1　工班长点名，布置工作。明确分工、作业项目、作业内容、作业时间，提出作业要求。

4.3.1.2　安全预想，提出防控措施，检查防护用品。

4.3.2　赶赴作业地点待命。

4.3.3　设置防护，发布命令。

4.3.3.1　作业前 60 min，驻站联络员与车站值班员联系，在车站登记，认真做好信息预报、确报，调度命令下达后，立即通知施工负责人及现场防护员。

4.3.3.2　现场防护员打开封闭的栅栏门，按规定设置好防护后，立即通知施工负责人防护设置完毕。

4.3.3.3　施工负责人核对施工命令、计划、地点，确认防护到位后，通知作业人员上道作业。

4.3.4 更换道岔护轨作业。

4.3.4.1 检查待换护轨状态。

4.3.4.1.1 检查待换护轨有无伤损，测量待换及旧护轨的长度、型式、尺寸是否相符，以及断面磨耗程度。

4.3.4.1.2 检查待换护轨轮缘槽宽度是否符合标准。

4.3.4.2 待换新护轨到位。将新护轨搬运放置于所换钢轨外侧路肩，防止跳动，不得侵入限界。

4.3.4.3 检查线上护轨状态及轨缝情况。

4.3.4.3.1 检查原有护轨位置是否正确。若不正确，应在更换时改正或更换护轨基本轨。

4.3.4.3.2 检查螺栓孔位置与旧护轨是否相符。

4.3.4.3.3 测量前后两端接头轨缝的大小，考虑旧护轨撤出后两端钢轨的伸长或缩短量。

4.3.4.3.4 当有连续瞎缝或大轨缝时，应事先调整。

4.3.4.4 拆卸护轨及螺栓。逐个拆卸护轨前后螺栓，如有失效螺栓，应更换，有死丝的也应更换。

4.3.4.5 螺栓、扣件涂油。在卸下的接头螺栓、轨枕扣件及螺杆上均匀涂油。

4.3.4.6 更换护轨。拨出旧护轨并换入新护轨，将旧护轨抬放在线路外安全地点。在更换护轨的过程中，将护轨抬高，避免碰伤螺栓。

4.3.4.7 调整护轨并安装螺栓。安装护轨，用轨距尺检查轨距、查照间隔和护背距离，调整好轮缘槽尺寸，上好螺栓，并紧固。

4.3.4.8 整修不合格处所。复查整修不合格轨距，同时注意轨距变化率，应符合标准，然后复紧螺栓，整修扭矩不达标的联结扣件。

4.3.4.9 换下旧护轨定置回收。把换下的护轨拨到定置地点放好，并打上明显的伤损标记，待回收（有能力回收的，可以立即回收）。

4.3.5 作业质量回检。

4.3.5.1 施工负责人按作业验收标准进行质量回检。

4.3.5.2 施工负责人指定专人检查作业区域内的工机具、材料，防止遗漏，严格执行"工完料清"制度。

4.3.6 撤除防护，开通线路。

4.3.6.1 施工负责人和现场防护员共同清点，确认作业人员及工机具、材料全部撤出至防护栅栏外安全区域。

4.3.6.2 现场防护员根据施工负责人的命令撤除现场防护，清点防护工具，封闭栅栏门。

4.3.6.3 施工负责人命令驻站联络员开通线路。

4.3.6.4 驻站联络员在车站办理销记手续，开通线路。

4.3.7 收工，召开总结会。

4.4 作业标准。

4.4.1 护轨平直部分轮缘槽标准宽度为 42 mm，容许误差为 −1 mm～＋3 mm。

4.4.2 查照间隔（辙叉心工作边至护轨头部外侧的距离）不得小于 1 391 mm，护背距离（辙叉翼工作边至护轨头部外侧的距离）不得大于 1 348 mm。

4.4.3 接头螺栓应使用 10.9 级螺栓，扭矩应保持 700～900 N·m。

5 安全措施

5.1 作业人员必须按规定使用个人防护用品，防护员必须穿戴防护服，佩戴防护标志，带齐防护用品。

5.2 现场防护员与驻站联络员用对讲机或有线电话 3～5 min 联控一次，做好记录，认真做好信息预报、确报等防护工作。

5.3 待换护轨到位时，不得超限，距离线路上钢轨头部外侧不少于 150 mm，轨面超出线路上钢轨不大于 25 mm。

5.4 在轨道电路地段，要防止工具、材料联电。金属长柄工具应加绝缘套，在绝缘接头处作业时扳手应加绝缘套。

5.5 翻动护轨时，应指派有经验人员操作，其他人员远离撬棍可能弹到的和钢轨翻动后可能触及的地方。禁止直接用手翻动。抬运护轨时，作业人员要动作一致，防止碰伤手脚。

5.6 多人在一起作业时，应统一指挥，相互间应保持一定的安全距离，防止工具碰撞伤人。

5.7 作业中，须跨越线路时，必须设置专人防护，按照"手比、眼看、口呼"制度，确认无车时方可通过。

九、更换道岔辙叉心作业指导书

1 主题内容及适用范围

1.1 本作业指导书规定更换道岔辙叉心作业程序、项目、内容及相关标准。

1.2 本作业指导书适用于普通单开道岔、对称道岔设备的养修工作。

2 作业目的

2.1 发现并消除隐患，确保设备质量符合更换垂磨辙叉心和重伤辙叉心的作业标准。

3 作业流程图（见图9）

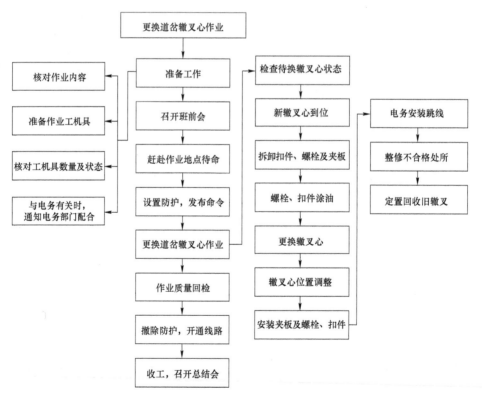

图9 更换道岔辙叉心作业流程图

4 作业条件、程序及相关标准

4.1 作业条件。

4.1.1 施工负责人由站区副主任及以上职位人员担任（维修项目较多时可委托站区管理人员担任）。

4.1.2 利用维修天窗或施工天窗作业，车站设驻站联络员，现场设现场防护员，用对讲机或有线电话联控。

4.1.3 办理封锁施工手续，设置移动停车信号防护，施工封锁完毕放行列车或单机时速度正常。

4.1.4 与电务有关时，通知电务部门配合。

4.1.5 站内道岔作业时，应明确作业影响范围。

4.2 准备工作。

4.2.1 核对作业内容，包括作业地点、作业项目及内容。

4.2.2 准备作业工机具，包括钢卷尺、轨距尺、长柄扳手、450 mm 活扳手、定扭矩电扳手、撬棍、耙镐、捣镐、道钉锤、拉运轨器、角磨机、钢直尺。

4.2.3 核对工机具数量及状态。

4.2.3.1 施工负责人对当日使用的量具进行检查核对。

4.2.3.2 施工负责人对作业工机具进行核对，并检查机具的状态及液压油是否足量、有无漏油。

4.2.4 与电务有关时，通知电务部门配合。

4.3 作业项目、内容及流程。

4.3.1 召开班前会。

4.3.1.1 施工负责人点名，布置工作。明确分工、作业项目、作业内容、作业时间，提出作业要求。

4.3.1.2 安全预想，提出防控措施，检查防护用品。

4.3.2 赶赴作业地点待命。

4.3.3 设置防护，发布命令。

4.3.3.1 作业前 60 min，驻站联络员与车站值班员联系，在车站登记，认真做好信息预报、确报，调度命令下达后，立即通知施工负责人及现场防护员。

4.3.3.2 现场防护员打开封闭的栅栏门，按规定设置好防护后，立即通知施工负责人防护设置完毕。

4.3.3.3 施工负责人核对施工命令、计划、地点，确认防护到位后，通知作业人员上道作业。

4.3.4 更换道岔辙叉心作业。

4.3.4.1 检查待换辙叉心状态。检查待换的辙叉状态、有无伤损，以及新旧辙叉型号、长度、趾端和跟端开口宽度是否相符，实际断面是否符合要求。

4.3.4.2 新辙叉心到位。把新辙叉放置于线路外侧平行于旧辙叉的位置上（转辙机影响时应错开），防止跳动，要求放置平稳牢固，不得侵入限界。

4.3.4.3 拆卸扣件、螺栓及夹板。逐个拧卸扣件，卸下辙叉心前后接头螺栓，卸下接头夹板，清除杂物，并及时更换伤损螺栓。

4.3.4.4 螺栓、扣件涂油。在卸下的接头螺栓、轨枕扣件及螺杆上均匀涂油。

4.3.4.5 更换辙叉心。拨出旧辙叉心并抬放到线路外安全地点，清除垫板上的杂物，更换失效胶垫，拨进新辙叉心，使轨底落槽。在更换辙叉心的过程中，将辙叉心抬高，避免碰伤螺栓。

4.3.4.6 辙叉心位置调整。摆正辙叉心位置，调匀两端轨缝，用轨距尺检查轨距、查照间隔和护背距离。

4.3.4.7 安装夹板及螺栓、扣件。安装夹板，安装接头螺栓和轨枕扣件并紧固。

4.3.4.8 电务安装跳线。确认各种扣件螺栓齐全并拧紧，钢轨跳线连接良好。

4.3.4.9 整修不合格处所。复查辙叉前后接头轨缝、错牙情况，整修不合格轨距、高低，同时注意轨距变化率，应符合标准，然后复紧接头螺栓，整修扭矩不达标的联结扣件。

4.3.4.10 定置回收旧辙叉。把换下的辙叉拨到定置地点放好，并打上明显的伤损标记，待回收（有能力回收的，可以立即回收）。

4.3.5 作业质量回检。

4.3.5.1 施工负责人按作业验收标准进行质量回检。

4.3.5.2 施工负责人指定专人检查作业区域内的工机具、材料，防止遗漏，严格执行"工完料清"制度。

4.3.6 撤除防护，开通线路。

4.3.6.1 施工负责人和现场防护员共同清点，确认作业人员及工机具、材料全部撤出至防护栅栏外安全区域。

4.3.6.2 现场防护员根据施工负责人的命令撤除现场防护，清点防护工具，封闭栅栏门。

4.3.6.3 施工负责人命令驻站联络员开通线路。

4.3.6.4 驻站联络员在车站办理销记手续，开通线路。

4.3.7 收工，召开总结会。

4.4 作业标准。

4.4.1 护轨平直部分轮缘槽标准宽度为 42 mm，辙叉心轮缘槽标准宽度为 46 mm，容许误差为 −1 mm～3 mm。

4.4.2 查照间隔（辙叉心工作边至护轨头部外侧的距离）不得小于 1 391 mm，护背距离（辙叉翼工作边至护轨头部外侧的距离）不得大于 1 348 mm。

4.4.3 接头错牙用 1 m 钢直尺测量，在正线及到发线上不超过 1 mm，在其他站线上不超过 2 mm。

4.4.4 可动心轨道岔的长心轨实际尖端至翼轨趾端的距离（简称尖趾距离）的容许误差为 0 mm～10 mm。

5 安全措施

5.1 作业人员必须按规定使用个人防护用品，防护员必须穿戴防护服，佩戴防护标志，带齐防护用品。

5.2 现场防护员与驻站联络员用对讲机或有线电话 3～5 min 联控一次，做好记录，认真做好信息预报、确报等防护工作。

5.3 在轨道电路地段，要防止工具、材料联电。金属长柄工具应加绝缘套，在绝缘接头处作业时扳手应加绝缘套。

5.4 翻动辙叉时，应指派有经验人员操作，其他人员远离撬棍可能弹到的和钢轨翻动后可能触及的地方，禁止直接用手翻动。抬运辙叉时，作业人员要动作一致，防止碰伤手脚。

5.5 多人在一起作业时，应统一指挥，相互间应保持一定的安全距离，防止工具碰撞伤人。

5.6 作业中，须跨越线路时，必须设置专人防护，按照"手比、眼看、口呼"制度，确认无车时方可通过。

十、手工打磨钢轨作业指导书

1 主题内容及适用范围

1.1 本作业指导书规定了手工打磨钢轨（道岔）作业程序、项目、内容及相关标准。

1.2 本作业指导书适用于线路、道岔钢轨使用小型打磨机进行人工打磨钢轨的作业。

2 作业目的

2.1 经常保持钢轨踏面平顺，确保钢轨质量符合《铁路线路修理规则》标准。

3 作业流程图（见图10）

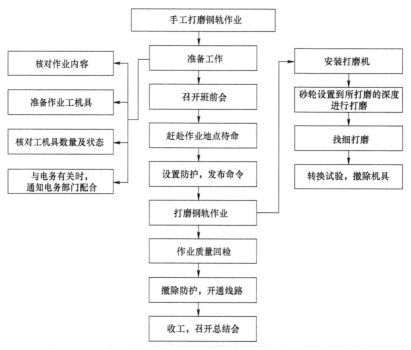

图10 手工打磨钢轨作业流程图

4 作业条件、程序及相关标准

4.1 作业条件。

4.1.1 施工负责人由工班长及以上职位人员担任。

4.1.2 利用维修天窗或施工天窗作业，车站设驻站联络员，现场设现场防护员，用对讲机或有线电话联控，设置移动停车手信号防护。

4.1.3 作业人员须经培训持证上岗，掌握要领，熟练操作。

4.1.4 夜间作业，必须备齐、备足照明设备。

4.1.5 岔区、轨道电路区段作业时，需电务人员配合。

4.1.6 打磨机由两人配合作业。一人负责推动打磨机，控制打磨机的平衡及倾斜度，使砂轮能磨及缺陷部位；另一人负责控制打磨质量及观看轨面弧度，同步控制手轮调节，确定打磨效果。

4.2 准备工作。

4.2.1 核对作业内容，包括作业地点、作业项目及内容。

4.2.2 准备作业工机具，包括仿形打磨机、轨面打磨机、道岔打磨机、角向打磨机、发电机、轨距尺、平直尺（仪）、1 m 钢直尺、塞尺、游标卡尺、活扳手、石笔。（根据需要选择使用）。

4.2.3 核对工机具数量及状态。

4.2.3.1 施工负责人对当日使用的量具进行检查核对。

4.2.3.2 施工负责人对作业工机具进行核对，并检查机具的状态及液压油是否足量、有无漏油。

4.2.4 与电务有关时，通知电务部门配合。

4.3 作业项目、内容及流程。

4.3.1 召开班前会。

4.3.1.1 施工负责人点名，布置工作。明确分工、作业项目、作业内容、作业时间，提出作业要求。

4.3.1.2 安全预想，提出防控措施，检查防护用品。

4.3.2 赶赴作业地点待命。

4.3.3 设置防护，发布命令。

4.3.3.1 作业前 60 min，驻站联络员与车站值班员联系，在车站登记，认真做好信息预报、确报，调度命令下达后，立即通知施工负责人及现场防护员。

4.3.3.2 现场防护员打开封闭的栅栏门，按规定设置好防护后，立即通知施工负责人防护设置完毕。

4.3.3.3 施工负责人核对施工命令、计划、地点，确认防护到位后，通知作业人员上道作业。

4.3.4 打磨钢轨作业。

4.3.4.1 安装打磨机。

4.3.4.1.1 操作人员确认施工负责人发出可以上道作业信号后，迅速抬机上道。

4.3.4.1.2 根据打磨机设计要求进行安装，并在轨道上试推行。

4.3.4.2 砂轮设置到所打磨的深度进行打磨。

4.3.4.2.1 将打磨机置于钢轨上，保证砂轮是悬空的（至少离轨面有 3 mm 空隙）。

4.3.4.2.2 将砂轮设置到所打磨的深度，深度调节好后，锁紧深度螺母，以防打磨时松动，造成打磨过深。

4.3.4.2.3 试运转打磨机，怠速和高速空载运转 1～2 min。

4.3.4.3 找细打磨。

4.3.4.3.1 打磨前根据对钢轨表面质量及平直度的检查，安排打磨。结合钢轨表面的光带变化情况进行打磨，光带表明了轮对与钢轨接触情况，如果在需要打磨钢轨前后出现光带突变，从光带异常位置着手打磨，并适当延长打磨长度，使其逐渐与周边的光带相符。在每次打磨前均对需打磨轨件进行重新测量。对焊缝打磨还需观察焊缝两边的垫板、空吊，以及焊缝是否处在轨枕上等问题，若存在以上问题，需要提前进行处理。

4.3.4.3.2 打磨后，用 1 m 钢直尺对轨面不平度、轨头内侧不直度、接头错牙进行检查，用轨距尺检查轨距及轨距变化率，用游标卡尺检查轨头肥边，对不符合规定的进行整治和精细打磨。

4.3.4.4 转换实验，撤离机具。道岔打磨作业完毕后，会同电务、车站三方做转换道岔试验，确认状态良好并签认。

4.3.5 作业质量回检。

4.3.5.1 平直仪、1 m 钢直尺、塞尺复查打磨作业质量。

4.3.5.2 光带打磨时，全面查看整个轨面部分光带是否吻合。

4.3.5.3 作业负责人指定专人检查作业区域内的工机具、材料，防止遗漏，严格执行"工完料清"制度。

4.3.6 撤除防护，开通线路。

4.3.6.1 施工负责人和现场防护员共同清点，确认作业人员及工机具、材料全部撤至防护栅栏外安全区域。

4.3.6.2 现场防护员根据施工负责人的命令撤除现场防护，清点防护工具，封闭防护栅栏门。

4.3.6.3 施工负责人命令驻站联络员开通线路。

4.3.6.4 驻站联络员在车站办理销记手续，开通线路。

4.3.7 收工，召开总结会。

4.4 作业标准。

4.4.1 用1m钢直尺核对钢轨不平顺的高点，从高点逐步开始打磨，由高点逐步往外、往两头拉，同步观看磨削火花情况，判断轨面平顺度，同时进行钢轨平直度测量，保证打磨质量。

4.4.2 砂轮每进一次，整个轨面打磨一遍，以确保轨面弧度与原弧度保持一致，防止一次打磨量过大。打磨作业应循序渐进。

4.4.3 轨面打磨，在轨面打磨中需进行轨头仿形打磨时，若受到其他设备阻碍无法完全仿形，则用角向或道岔打磨机配合进行仿形打磨，共同完成轨头仿形打磨。

4.4.4 在打磨尖轨竖切部分非工作边时，尖轨转换到可打磨位置后，打磨机在竖切部分终点倾斜45°角，精细调整砂轮进给量，进给量调好后由竖切终点向尖轨尖端方向推进打磨，竖切部分全长范围内为一个往返行程，往返打磨至符合技术要求。

4.4.5 短心轨非工作边打磨，采用角向打磨机，对竖切部分全长范围内的肥边往返打磨至符合技术要求。

4.4.6 钢轨内侧工作边应平顺，无明显凸凹。

4.4.7 马鞍型磨耗打磨位置要正确，打磨后轨面要平顺，无凹陷。

4.4.8 钢轨母材轨顶面凹陷、接头马鞍型磨耗、钢轨接头内侧错牙，用1m钢直尺测量，符合《铁路线路修理规则》。

5 安全措施

5.1 上道前由施工负责人和现场防护员共同清点所带工具、材料规格及数量，对照《工机具材料登记表》进行确认。

5.2 上道作业前，应对打磨机进行全面细致的检查，包括动力部分、机械和传动部分，若机器工作性能不良，砂轮片受潮，禁止使用。

5.3 砂轮片必须完好，无裂纹痕迹，砂轮片安装应坚固，螺栓无松动、失效，防护罩完好。

5.4 磨轨时，铁屑能飞溅到的地方严禁站人。打磨机砂轮转动前方，禁止人员站立或走动，以免砂轮碎裂飞出伤人。

5.5 用手抱砂轮打磨时，操作人站在钢轨外侧，弯腰手持砂轮机在飞边处左右均匀打磨。

5.6 正确使用打磨机，打磨量的控制要适度，推动动作要平衡、均匀，以免动作过猛，使打磨过量造成砂轮片碎裂。

5.7 作业人员应佩戴护目镜和手套。刚磨过的钢轨不得用手直接触摸。

5.8 使用燃油发动机的，加油时必须停机，严禁吸烟，避开明火，加油后及时上紧油箱盖。

5.9 若打磨机发生故障，应迅速关机，摇起砂轮，下道检查，严禁在线路上修理。作业后必须进行质量回检。

5.10 由施工负责人和现场防护员共同进行检查，确认无工机具、材料遗漏后方可撤除防护。

十一、冻害整治作业指导书

1 主题内容及适用范围

1.1 本作业指导书规定了设备冻害整治作业程序、项目、内容及相关标准。

1.2 本作业指导书适用于线路设备冻害整治作业。

2 作业目的

2.1 提前预防冻害，发现并消除线路设备冻害，确保设备质量符合《铁路线路修理规则》标准。

3 作业流程图（见图 11）

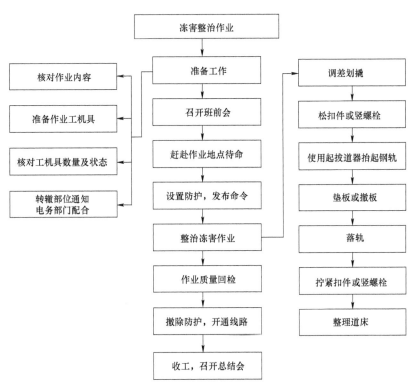

图 11 冻害整治作业流程图

4 作业条件、程序及相关标准

4.1 作业条件。

4.1.1 施工负责人由工班长及以上职位人员担任。

4.1.2 利用维修天窗或施工天窗作业，车站设驻站联络员，现场设现场防护员，用对讲机或有线电话联控，设置移动停车手信号防护。

4.1.3 与电务有关时，必须通知电务部门配合，电务人员未到场严禁施工。

4.1.4 夜间作业必须备齐、备足照明设备。

4.1.5 站内道岔作业时，须明确作业影响范围。

4.1.6 冻害地段，在冻结前，结合维修作业，有计划地撤出、调高垫板，进行全面捣固。

4.2 准备工作。

4.2.1 核对作业内容，包括作业地点、作业项目及内容。

4.2.2 准备作业工机具，包括轨距尺、弦绳、米尺、液压起道机、内燃冲击镐或捣镐、内燃螺栓扳手、叉子、T 型套筒扳手、撬棍、各种规格的垫板、备用扣件、红白油漆、字模、刷子、石笔。

4.2.3 核对工机具数量及状态。

4.2.3.1 施工负责人对当日使用的量具进行检查核对。

4.2.3.2 施工负责人对作业工机具进行核对，并检查机具的状态，以及液压油是否足量、有无漏油。

4.2.4 转辙部位通知电务部门配合。

4.3 作业项目、内容及流程。

4.3.1 召开班前会。

4.3.1.1 施工负责人点名，布置工作。明确分工、作业项目、作业内容、作业时间，提出作业要求。

4.3.1.2 安全预想，提出防控措施，检查防护用品。

4.3.2 赶赴作业地点待命。

4.3.3 设置防护，发布命令。

4.3.3.1 作业前 60 min，驻站联络员与车站值班员联系，在车站登记，认真做好信息预报、确报，调度命令下达后，立即通知施工负责人及现场防护员。

4.3.3.2　现场防护员打开封闭的栅栏门，按规定设置好防护后，立即通知施工负责人防护设置完毕。

4.3.3.3　施工负责人核对施工命令、计划、地点，确认防护到位后，通知作业人员上道作业。

4.3.4　整治冻害作业

4.3.4.1　调差划撬。

4.3.4.1.1　选择标准股：直线地段以顺里程方向左股为标准股，曲线地段水平以下股为标准股，道岔以直外股为标准股。

4.3.4.1.2　俯身丁基准股看轨头下颚纵向水平线，找出高低超限所在位置。

4.3.4.1.3　用轨距尺测量两股钢轨水平，找出水平超限位置和前后 18 m 范围内三角坑超限位置。

4.3.4.1.4　准确划好每撬的撬头、撬尾标记及垫高量，目视估测和弦测每根轨枕的钢轨低洼值，确定垫板或撤板的厚度及数量。

4.3.4.1.5　水平、三角坑垫高量，等于轨距尺测量的两股钢轨水平差值。如有空吊，还应加上空吊量。

4.3.4.1.6　根据测量出的冻害高度，确定需要的顺坡长度、垫板或撤板厚度和数量等，做好记录，同时将每根钢轨上应撤垫板的厚度写在对应轨枕端。

4.3.4.1.7　按调查结果准备冻害垫板。

4.3.4.2　松扣件或竖螺栓。

4.3.4.2.1　按照规定使用内燃螺栓扳手或 T 型套筒扳手松卸作业地段扣件螺栓。

4.3.4.3　使用起拨道器抬起钢轨。

4.3.4.3.1　起道机操作人员扒好起道机窝，放入起道机，抬起钢轨，抬轨高度以能放入或撤出垫板为宜。

4.3.4.4　垫板或撤板。

4.3.4.4.1　垫板。作业人员用小铲铲松胶垫，将垫板插入轨底与大胶垫之间。曲线地段应先垫上股后垫下股。

4.3.4.4.2　撤板。撤出冻害垫板，同时将胶垫撬起，把承轨槽清扫干净，保证胶垫位置正确。

4.3.4.5　落轨。

4.3.4.5.1　插入垫板完毕，起道机操作人员应左右观看，并通知作业人员手脚离开钢轨，待作业人员手脚离开钢轨后，松下起道机，落下钢轨。

4.3.4.6 拧紧扣件或竖螺栓。

4.3.4.6.1 根据方向和轨距标准要求，整理扣件(失效扣件应更换)，上齐并拧紧扣件。

4.3.4.6.2 轨距小时先拧紧里口，轨距大时先拧紧外口。

4.3.4.6.3 为不影响轨距变化率，最好由中间开始向两侧拧紧扣件螺栓。

4.3.4.7 整理道床。

4.3.4.7.1 将扒开的起道机窝及因作业破坏的道床整平、夯实。

4.3.5 作业质量回检。

4.3.5.1 根据作业标准进行质量回检，发现不符合作业标准处所进行整修。

4.3.5.2 施工负责人对作业地段设备状态进行全面检查，确认放行列车条件，并做好回检记录。

4.3.5.3 将撤换下来的冻害垫板、更换下来的不良轨件等及时回收。

4.3.5.4 在钢轨上将冻害的起讫位置、最大冻高、最大垫板厚度进行标记。

4.3.6 撤除防护，开通线路。

4.3.6.1 施工负责人和现场防护员共同确认线路达到放行列车条件，人员、机具、材料撤出至限界以外。

4.3.6.2 现场防护员根据施工负责人的命令撤除现场防护，清点防护工具，封闭栅栏门。

4.3.6.3 施工负责人命令驻站联络员开通线路。

4.3.6.4 驻站联络员在车站办理销记手续，开通线路。

4.3.7 收工，召开总结会，分析安全及质量问题。

4.4 作业标准。

4.4.1 冻害作业质量符合《铁路线路修理规则》作业验收标准规定。

4.4.2 整修冻害作业要做到五够，即垫板尺寸标准够、过渡段长度够、垫起高度够、顺坡倍数够、扣件螺栓扭矩够。

4.4.3 冻害垫板的位置要正确，不松动，钢轨、冻害垫板、胶垫板、轨枕、道钉、扣件相互密靠。

4.4.4 轨道前后高低目视平顺，无漫包。

4.4.5 混凝土枕道岔垫板：对于锰钢整铸辙叉和可动心轨辙叉，可在垫板与轨底之间加垫，垫板数量不超过 1 块，厚度不超过 6 mm。

5　安全措施

5.1　安放、整正垫板和胶垫时，不能将手伸入轨底。

5.2　收工前，应对当天垫板处所的轨枕螺栓全部复拧紧。

5.3　插入垫板时，不得再抬动钢轨。

5.4　抬轨时，注意放平起道机，位置应合适，不得放在绝缘接头处。

5.5　在封锁命令下达后，按照"手比、眼看、口呼"制度，确认无车后方可上道作业。

5.6　作业中，严禁跨越未封锁线路。站区作业须跨越股道时，必须设置专人防护，按照"手比、眼看、口呼"制度，确认无车时方可通过。

5.7　所有作业人员均应按规定使用个人防护用品。

十二、单根更换轨枕作业指导书

1 主题内容及适用范围

1.1 本作业指导书规定了单根更换轨枕作业程序、项目、内容及相关标准。

1.2 本作业指导书适用于有砟线路设备单根更换轨枕作业。

2 作业目的

2.1 消除失效轨枕，保证线路几何尺寸，增强轨道整体刚度，确保设备质量符合标准。

3 作业流程图（见图12）

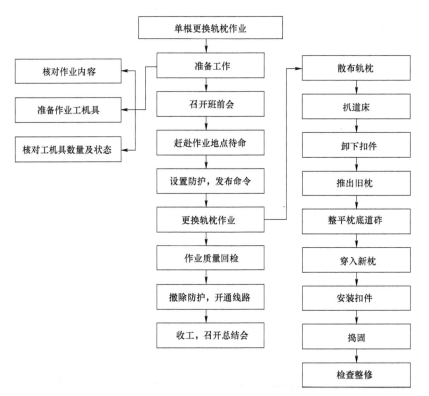

图 12 单根更换轨枕作业流程图

4　作业条件、程序及相关标准

4.1　作业条件。

4.1.1　工班长人员担任施工负责人。

4.1.2　利用维修天窗或施工天窗作业，车站设驻站联络员，现场设现场防护员，用对讲机或有线电话联控，设置移动停车手信号防护。

4.1.3　与电务有关时，必须通知电务部门配合，电务人员未到场严禁施工。

4.1.4　夜间作业必须备齐、备足照明设备。

4.1.5　站内道岔作业时，须明确作业影响范围。

4.2　准备工作。

4.2.1　核对作业内容，包括作业地点、作业项目及内容。

4.2.2　准备作业工机具，包括轨距尺、弦绳、米尺、液压起道机、内燃冲击镐或捣镐、叉子、尖锹、T 型套筒扳手、撬棍、抬杠、夹轨钳、绳索、备用扣件、刷子、石笔。

4.2.3　核对工机具数量及状态。

4.2.3.1　施工负责人对当日使用的量具进行检查核对。

4.2.3.2　施工负责人对作业工机具进行核对，并检查机具的状态及液压油是否足量、有无漏油。

4.3　作业项目、内容及流程。

4.3.1　召开班前会。

4.3.1.1　施工负责人点名，布置工作。明确分工、作业项目、作业内容、作业时间，提出作业要求。

4.3.1.2　安全预想，提出防控措施，检查防护用品。

4.3.2　赶赴作业地点待命。

4.3.3　设置防护，发布命令。

4.3.3.1　作业前 60 min，驻站联络员与车站值班员联系，在车站登记，认真做好信息预报、确报，调度命令下达后，立即通知施工负责人及现场防护员。

4.3.3.2　现场防护员打开封闭的栅栏门，按规定设置好防护后，立即通知施工负责人防护设置完毕。

4.3.3.3　施工负责人核对施工命令、计划、地点，确认防护到位后，通知作业人

员上道作业。

4.3.4 更换轨枕作业。

4.3.4.1 散布轨枕。将轨枕散布到更换位置附近，直线地段散布在作业方便的一侧，曲线地段散布在下股一侧。

4.3.4.2 扒道床。

4.3.4.2.1 扒开一端轨枕头和一侧轨枕盒内道床，深度以能横移、抽出和穿入轨枕和不碰伤螺栓为宜。

4.3.4.2.2 扒开道床时将清砟、混砟分开，混砟堆放在路肩上，要进行清筛。

4.3.4.3 卸下扣件。卸下螺帽、平垫圈、弹条、轨距挡板、尼龙座、大胶垫等，集中存放在适当地点。

4.3.4.4 抽出旧枕。以 4 人为一组进行，将旧轨枕横向拨入扒开的轨枕盒内并放倒，用夹轨钳或绳索顺着道床槽将旧枕抽出，顺放在路肩上。

4.3.4.5 整平枕底道床。

4.3.4.5.1 整平原枕底道床，使其深度稍大于轨枕加上胶垫的厚度。

4.3.4.5.2 清理深度一般以较原枕底面低 20 mm 左右为宜，宽度为 300 mm 左右为宜。

4.3.4.5.3 枕底的不洁道砟挖出放路肩上，并使轨枕中部疏松。

4.3.4.6 穿入新枕。以 4 人为一组进行，将新枕放倒，侧面向上，用抬杠抬起，对准扒开清理好的枕盒，用绳索套拉穿入，立放并横移至轨枕位置。

4.3.4.7 安装扣件。摆正轨枕位置，放好大胶垫，量好轨距，轨枕螺栓杆涂油后安装尼龙座、轨距挡板、弹条，上紧扣件。

4.3.4.8 捣固。

4.3.4.8.1 捣固前，先回填部分道砟至轨枕底平，中部枕盒应低于轨枕顶面 20 mm。

4.3.4.8.2 在钢轨两侧各 450 mm 范围内使用内燃冲击镐捣固或使用捣镐进行人工八面捣固，做到均匀排镐、紧密坚实。

4.3.4.8.3 根据列车密度，在 2～5 日内安排一次复捣，同时拧紧机件螺栓。

4.3.4.9 检查整修。

4.3.4.9.1 全面检查，整修不良处所，回填与整理好道床。

4.3.4.9.2 回收材料，将旧轨枕放在临时存放地点。

4.3.4.9.3 施工负责人对轨道几何尺寸及零配件进行全面检查，确认放行列车条件。

4.3.5 作业质量回检。

4.3.5.1 根据作业标准进行质量回检，发现不符合作业标准处所应进行修整。

4.3.5.2 施工负责人对作业地段设备状态进行全面检查，确认放行列车条件，并做好回检记录。

4.3.6 撤除防护，开通线路。

4.3.6.1 施工负责人和现场防护员共同确认线路达到放行列车条件，人员、机具撤出至限界以外。

4.3.6.2 施工负责人通知现场防护员撤除防护，现场防护员撤除防护后，用对讲机通知施工负责人和驻站联络员作业完毕。现场防护员锁闭通道门或防护围栏门。

4.3.6.3 施工负责人命令驻站联络员开通线路。

4.3.7 收工，召开总结会。

4.4 作业标准。

4.4.1 轨枕应与轨道中心线垂直，位置正确，间距误差和偏斜不超过 20 mm。

4.4.2 Ⅱ型和Ⅲ型混凝土枕中部道床可不掏空，但应保持疏松。

4.4.3 轨道几何尺寸及扣件、道床等，符合《铁路线路修理规则》作业验收标准规定。

5 安全措施

5.1 使用的工具要认真检查，避免断脱伤人。作业时，注意碰伤手脚。

5.2 装卸、搬运、存放、更换轨枕时，不得侵入限界，防止碰坏线路标志和信号标志，损伤轨枕及螺栓。

5.3 作业时，必须统一指挥，动作协调一致。应认真检查抬杠、绳索、夹轨钳的承压和人员配合情况；抬行时，应注意踩稳踏牢，确保人身安全。

5.4 在封锁命令下达后，按照"手比、眼看、口呼"制度，确认无车后方可上道作业。

5.5 作业中，严禁跨越未封锁线路。站区作业须跨越股道时，必须设置专人防护，按照"手比、眼看、口呼"制度，确认无车时方可通过。

5.6 所有工作人员均应按规定使用个人防护用品。

十三、人工起道捣固作业指导书

1 主题内容及适用范围

1.1 本作业指导书规定了人工起道捣固作业程序、项目、内容及相关标准。

1.2 本作业指导书适用于线路高低、水平、三角坑等几何尺寸超限整治工作。

2 作业目的

2.1 发现并消除隐患，恢复线路平顺性，确保轨道静态几何尺寸符合线路作业验收要求，保证行车安全。

3 作业流程图（见图 13）

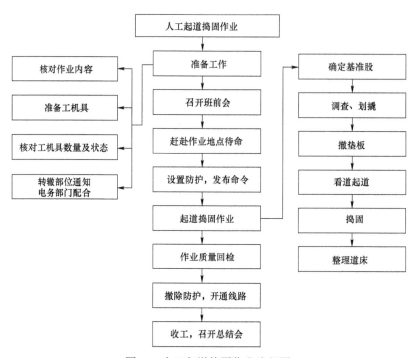

图 13 人工起道捣固作业流程图

4 作业条件、程序及相关标准

4.1 作业条件。

4.1.1 利用维修天窗或施工天窗作业，工班长担任施工负责人，车站设驻站联修员，作业现场设置现场防护员。

4.1.2 道岔区作业，必须明确作业范围。与电务有关时，必须通知电务部门配合。

4.1.3 夜间作业时必须备齐、备足照明设备。

4.2 作业准备。

4.2.1 核对作业内容，包括作业地点、作业项目及内容。

4.2.2 准备工机具，包括道砟叉、内燃捣固镐或软轴捣固镐、液压起拨道器、轨距尺、弦绳、石笔。

4.2.3 核对工机具数量及状态。

4.2.3.1 施工负责人对当日使用的量具进行检查核对。

4.2.3.2 施工负责人对作业工机具进行核对，并检查机具的状态及液压油是否足量、有无漏油。

4.2.4 转辙部位通知电务部门配合。

4.3 作业项目、内容及流程。

4.3.1 召开班前会。

4.3.1.1 施工负责人点名，布置工作。明确分工、作业项目、作业内容、作业时间，提出作业要求。

4.3.1.2 安全预想，提出防控措施，检查防护用品。

4.3.2 赶赴作业地点待命。

4.3.3 设置防护，发布命令。

4.3.3.1 作业前 60 min，驻站联络员与车站值班员联系，在车站登记，认真做好信息预报、确报，调度命令下达后，立即通知施工负责人及现场防护员。

4.3.3.2 现场防护员打开封闭的栅栏门，按规定设置好防护后，立即通知施工负责人防护设置完毕。

4.3.3.3 施工负责人核对施工命令、计划、地点，确认防护到位后，通知作业人员上道作业。

4.3.4 起道捣固作业。

4.3.4.1 确认标准股。

4.3.4.1.1 线路直线地段以行车方向左股为标准股，标准股高为"＋"，低为"－"。

4.3.4.1.2 曲线地段水平调整以上股为标准股，高于实设超高为"＋"，低于实设超高为"－"。

4.3.4.1.3 道岔里直股以直外股为标准股，导曲股以上股为标准股，标准股高为"＋"，低为"－"。

4.3.4.2 调查、划撬。对照线路静态几何尺寸容许偏差管理值，找出高低、水平、三角坑超限及空吊处所，准确划好每撬的撬头、撬尾、坑底的位置，同时在钢轨低头、拱腰、轨枕空吊板等处划上轻重捣标记。

4.3.4.3 撤垫板。将撤除垫板范围内的扣件螺栓松起，放入起道机，抬起钢轨，抽出调高垫板，并整正轨下橡胶胶垫，复紧线路扣件。

4.3.4.4 看道起道。

4.3.4.4.1 线路起道。

① 对撬时，起道负责人应先俯身标准股上，距起道机不少于 20 m 处，看钢轨轨头下颚水平延长线上的高低情况。

② 起道机操作人员要按起道负责人的手势，扒好起道机窝，放置起道机于适当位置。

③ 密切注视起道负责人，按其指挥正确放置起道机。

④ 按起道负责人的手势起平标准股。

⑤ 标准股起好后，立即用轨距尺对好对股水平。

⑥ 起单撬处理水平、三角坑或一股高低问题时，直接以高低或水平较好的一股为标准股，用轨距尺测量好对面股水平。

4.3.4.4.2 道岔起道。

① 起道负责人俯身在道岔直外股上，一般以岔头和辙叉为基点高度，在距起道机不少于 20 m 处，看钢轨头部外侧轨头下颚水平延长线上的高低情况，指挥起道机放置位置和起道高度。

② 起直外股时，在转辙部分，将起道机放在基本股外侧。

③ 在连接部分，将起道机放在导曲线上股钢轨内侧或外侧。

④ 在辙叉部分，辙叉前部起道机放在直下股钢轨外侧，辙叉后部起道机放在曲上股内侧，两台起道机要同起同落。

⑤ 辙叉部分护轨应根据直股、曲股水平情况确定起道及起道机放置位置。

⑥ 起直下股、导曲股下股、辙叉时，应在标准股起好后，用轨距尺对好下股水平起道。起道时，要测量直股一侧水平，确保直股、曲股保持在同一水平面。

4.3.4.5 捣固。

4.3.4.5.1 线路捣固。打塞者在钢轨起到要求高度后，立即在起道机两侧轨枕下将枕底道砟串好打实，禁打顶门塞，保证撤除起道机后，轨道回落在预计范围内。

4.3.4.5.2 道岔捣固。

① 转辙部分当钢轨起到要求高度后直接打塞捣固。

② 连接部分起导曲股上股时，应在直外股和导曲线上股钢轨下同时打镐塞捣固。

③ 起导曲股下股时，应在导曲线下股和直内股钢轨下同时打镐塞捣固。

④ 辙叉部分辙叉起好后，应等起道负责人测量直、曲两股水平，确定镐塞是打辙叉或同时打直股或曲股后，再进行打塞捣固。

⑤ 对直股或曲股水平时，应等起道负责人测量直、曲两股水平，确定镐塞是打直股护轨头部或同时打直股或曲股后，再进行打塞捣固。

4.3.4.6 整理道床。收工前，对捣固地段道床按规定对断面进行整理，夯实拍平，使道床均匀饱满。

4.3.5 作业质量回检。

4.3.5.1 按作业标准进行作业质量回检，发现不符合作业标准处所应进行修整。

4.3.5.2 施工负责人对作业地段设备状态进行全面检查，确认放行列车条件，并做好回检记录。

4.3.6 撤除防护，开通线路。

4.3.6.1 施工负责人和现场防护员共同清点，确认作业人员及工机具、材料全部撤出至防护栅栏外安全区域。

4.3.6.2 现场防护员根据施工负责人的命令撤除现场防护，清点防护工具，封闭栅栏门。

4.3.6.3 施工负责人命令驻站联络员开通线路。

4.3.6.4 驻站联络员在车站办理销记手续，开通线路。

4.3.7 收工，召开总结会。

4.4 作业标准。

4.4.1 轨道前后高低目视平顺，无漫包。用 10 m 弦绳量最大矢度，正线、到发线不超过 4 mm，其他站线不高过 5 mm。

4.4.2 水平偏差：正线、到发线不超过 3 mm，其他站线不高过 5 mm。

4.4.3 保持既有坡度，坡度变更点位置和竖曲线半径不得改变。

4.4.4 线路与道岔、道岔与道岔之间相互衔接平顺。

4.4.5 起道收工作业时，顺坡率应不大于 2‰。

5 安全措施

5.1 作业前，按规定办理封锁手续，设置防护。封锁命令下达后，按照"手比、眼看、口呼"制度，确认无车后方可上道作业。作业后，拆除防护，销记，开通线路。

5.2 起道时，起道机必须平稳放置，直线和曲线下股放在钢轨里口，曲线上股放置在钢轨外口，道岔部位按规定位置放置。同时，起道机不得放在铝热焊缝和绝缘接头处，不得在绝缘头处轨面上滑行。

5.3 按规定使用个人防护用品，防止碰伤手脚。

5.4 作业中，严禁跨越未封锁线路。站区作业须跨越股道时，必须设置专人防护，按照"手比、眼看、口呼"制度，确认无车时方可通过。

十四、起道垫板作业指导书

1 主题内容及适用范围

1.1 本作业指导书规定了起道垫板作业程序、项目、内容及相关标准。

1.2 本作业指导书适用于线路高低、水平、三角坑等几何尺寸超限整治工作。

2 作业目的

2.1 发现并消除隐患，确保轨道静态几何尺寸符合线路作业验收要求，保证行车安全。

3 作业流程图（见图 14）

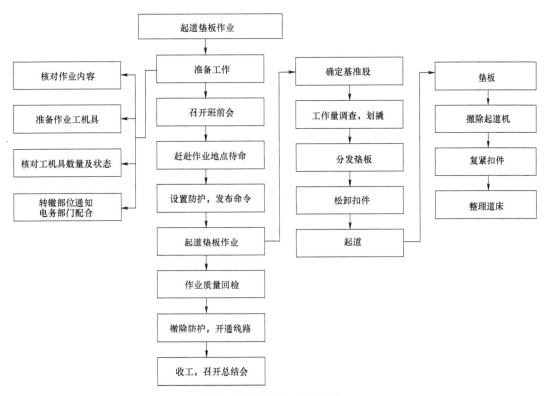

图 14　起道垫板作业流程图

4 作业条件、程序及相关标准

4.1 作业条件。

4.1.1 利用维修天窗、施工天窗或临时天窗作业。由职务不低于工班长的人员担任施工负责人。车站设驻站联修员，作业现场设置现场防护员。

4.1.2 道岔区作业，必须明确作业范围。与电务有关时，必须通知电务部门配合。

4.1.3 夜间作业时，必须备齐、备足照明设备。

4.2 准备工作。

4.2.1 核对作业内容，包括作业地点、作业项目及内容。

4.2.2 作业工机具准备，包括调高垫板、内燃螺栓扳手、活扳手、液压起拨道器、轨距尺、弦绳、石笔、叉子。

4.2.3 核对工机具数量及状态。

4.2.3.1 施工负责人对当日使用的量具进行检查核对。

4.2.3.2 施工负责人对作业工机具进行核对，并检查机具的状态，以及液压油是否足量、有无漏油。

4.2.4 转辙部位通知电务部门配合。

4.3 作业项目、内容及流程。

4.3.1 召开班前会。

4.3.1.1 施工负责人点名，布置工作。明确分工、作业项目、作业内容、作业时间，提出作业要求。

4.3.1.2 安全预想，提出防控措施，检查防护用品。

4.3.2 赶赴作业地点待命。

4.3.3 设置防护、发布命令。

4.3.3.1 作业前 60 min，驻站联络员与车站值班员联系，在车站登记，认真做好信息预报、确报。调度命令下达后，立即通知施工负责人及现场防护员。

4.3.3.2 现场防护员打开封闭的栅栏门，作业人员按进场顺序进入防护围栏。按规定设置好防护后，立即通知施工负责人防护设置完毕。

4.3.3.3 施工负责人核对施工命令、计划、地点，确认防护到位后，通知作业人员上道作业。

4.3.4 起道垫板作业。

4.3.4.1 确定标准股。

4.3.4.1.1 线路直线地段以行车方向左股为标准股，标准股高为"＋"，低为"－"。

4.3.4.1.2 曲线地段水平调整以上股为标准股，高于实设超高为"＋"，低于实设超高为"－"。

4.3.4.1.3 道岔里直股以直内股为标准股，导曲股以上股为标准股，标准股高为"＋"，低为"－"。

4.3.4.2 工作量调查、划撬。

4.3.4.2.1 对照线路静态几何尺寸容许偏差管理值，找出高低、水平、三角坑超限及空吊处所，准确划好每撬的撬头、撬尾、坑底的位置，同时在轨枕空吊板等处划上标记。

4.3.4.2.2 确定垫板的厚度，并用石笔将垫板的厚度标注在轨枕上。

4.3.4.3 分发垫板。

4.3.4.3.1 根据垫板处所的长度、厚度分发垫板，厚度不足时可用不同厚度垫板进行组合。

4.3.4.3.2 基准股实际垫高量=低洼值+轨枕空吊板量，对面股的垫高量=标准股垫高量+对面股空吊量±对面股水平差。

4.3.4.3.3 水平、三角坑垫高量，由轨距尺测量的两股钢轨水平差值决定。如有空吊，还应加上空吊量。

4.3.4.4 松卸扣件。

4.3.4.4.1 用内燃螺栓扳手或单头扳手松开扣件。

4.3.4.4.2 对于道岔，当需要在铁垫板和岔枕间加垫橡胶大胶垫时，还应拧出竖螺栓。

4.3.4.5 起道。

4.3.4.5.1 起道机操作人员扒好起道机窝，放入起道机，根据超限值抬起钢轨，抬轨时应注意放平起道机，位置要合适。

4.3.4.5.2 抬轨高度以放入垫板为宜。

4.3.4.6 垫板。

4.3.4.6.1 插垫板人员用小铲子铲松胶垫，将垫板插入轨底和大胶垫之间。

4.3.4.6.2 对于道岔，需要在铁垫板和岔枕间加垫橡胶大胶垫时，应插入厂制的专用橡胶胶垫。

4.3.4.7 撤除起道机。插入垫板完毕，待作业人员手脚离开钢轨后，撤除起道机，落下钢轨。

4.3.4.8 复紧扣件。带班人员在钢轨落下后，用弦绳、轨距尺检查测量高低、水平、轨距，达到作业要求后，整理复紧扣件。

4.3.4.9 整理道床：收工前，按规定对断面进行整理，恢复外观。

4.3.5 作业质量回检。

4.3.5.1 根据作业标准进行质量回检，发现不符合作业标准处所应进行整修。

4.3.5.2 施工负责人对作业地段设备状态进行全面检查，确认放行列车条件，并做好回检记录。

4.3.6 撤除防护，开通线路。

4.3.6.1 施工负责人和现场防护员共同确认线路达到放行列车条件，人员、机具、材料撤出至限界以外。

4.3.6.2 现场防护员根据施工负责人的命令撤除现场防护，清点防护工具，封闭栅栏门。

4.3.6.3 施工负责人命令驻站联络员开通线路。

4.3.6.4 驻站联络员在车站办理销记手续，开通线路。

4.3.7 收工，召开总结会。

4.4 作业标准。

4.4.1 轨道前后高低目视平顺，无漫包。用 10 m 弦绳量最大矢度，正线、到发线不超过 4 mm，其他站线不高过 5 mm。

4.4.2 水平偏差：正线、到发线不超过 3 mm，其他站线不高过 5 mm。

4.4.3 调高垫板应垫在轨底和橡胶胶垫之间，无偏斜，无窜动，每处调高垫板不得超过 2 块，总厚度不得超过 10 mm。

4.4.4 分开式弹条扣件螺栓扭矩应达到 80～150 N·m，并保证三密贴。

4.4.5 起道收工作业时，顺坡率应不大于 2‰。

5 安全措施

5.1 作业前，按规定办理封锁手续，设置防护。封锁命令下达后，按照"手比、眼看、口呼"制度，确认无车后方可上道作业。作业后，拆除防护，销记，开通线路。

5.2 起道时，起道机必须平稳放置，直线和曲线下股放在钢轨里口，曲线上股放置在钢轨外口，同时，起道机不得放在铝热焊缝和绝缘接头处，且不得在绝缘接头轨面上滑行。

5.3 按规定使用个人防护用品，防止碰伤手脚。

5.4 作业中，严禁跨越未封锁线路。站区作业须跨越股道时，必须设置专人防护，按照"手比、眼看、口呼"制度，确认无车时方可通过。

十五、人工清筛道床作业指导书

1 主题内容及适用范围

1.1 本作业指导书规定了道床人工清筛作业程序、项目、内容及相关标准。

1.2 本作业指导书适用于线路轨道设备。

2 作业目的

2.1 发现并消除隐患，确保道床质量符合《铁路线路修理规则》第 3.2.5 条规定要求。

3 作业流程图（见图 15）

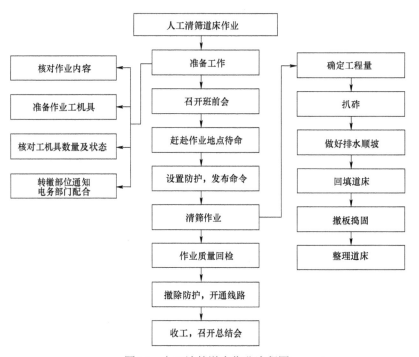

图 15 人工清筛道床作业流程图

4　作业条件、程序及相关标准

4.1　作业条件。

4.1.1　利用维修天窗或施工天窗作业，负责人由站区副主任及以上职位人员担任，维修项目较多时可委托站区管理人员担任。车站设驻站联络员，现场设现场防护员，用对讲机或有线电话联控，设置移动停车手信号防护。

4.1.2　道岔区、轨道区作业必须明确作业范围。与电务有关时，必须通知电务部门配合。

4.1.3　夜间作业时必须备齐、备足照明设备。

4.2　准备工作。

4.2.1　核对作业内容，包括作业地点、作业项目及内容。

4.2.2　作业工机具准备，包括耙镐、道砟叉、铁锹、起拨道器、内燃冲击镐或捣镐、轨距尺。

4.2.3　核对工机具数量及状态。

4.2.3.1　施工负责人对当日使用的量具进行检查核对。

4.2.3.2　施工负责人对作业工机具进行核对，并检查机具的状态，以及液压油是否足量、有无漏油。

4.2.4　转辙部位通知电务部门配合。

4.3　作业项目、内容及流程。

4.3.1　召开班前会。

4.3.1.1　施工负责人点名，布置工作。明确分工、作业项目、作业内容、作业时间，提出作业要求。

4.3.1.2　安全预想，提出防控措施，检查防护用品。

4.3.2　赶赴作业地点待命。

4.3.3　设置防护、发布命令。

4.3.3.1　作业前 60 min，驻站联络员与车站值班员联系，在车站登记，认真做好信息预报、确报。调度命令下达后，立即通知施工负责人及现场防护员。

4.3.3.2　现场防护员打开封闭的栅栏门，作业人员按进场顺序进入防护围栏。按规定设置好防护后，立即通知施工负责人防护设置完毕。

4.3.3.3　施工负责人核对施工命令、计划、地点，确认防护到位后，通知作业人

员上道作业。

4.3.4 清筛作业。

4.3.4.1 根据现场情况，确定翻浆位置及翻浆长度及需清筛的道床污染地段，确定工作量。

4.3.4.2 扒砟：扒出表层清砟，堆放在邻近的路肩上。

4.3.4.3 做好排水顺坡。从边坡开口，向道心清挖，清挖深度一般从线路中心枕底下 200 mm 开始，再以适当坡度向外顺坡，挖出翻浆道床，以利排水。

4.3.4.4 回填道床：回填清砟，挖一孔，填一孔。

4.3.4.5 撤板捣固：撤板并及时串实、捣固。

4.3.4.6 整理道床：收工前，对当日清挖的道床按规定对断面进行整理，收集散落的清砟，夯实拍平，使道床均匀饱满，边坡整齐，路肩平整。筛出的余土清理到防护围栏以外。

4.3.5 作业质量回检。

4.3.5.1 根据作业标准进行质量回检，发现不符合作业标准处所应进行整修。

4.3.5.2 施工负责人对作业地段设备状态进行全面检查，确认放行列车条件，并做好回检记录。

4.3.6 撤除防护，开通线路。

4.3.6.1 施工负责人和现场防护员共同确认线路达到放行列车条件，人员、机具、材料撤出至限界以外。

4.3.6.2 现场防护员根据施工负责人的命令撤除现场防护，清点防护工具，封闭栅栏门。

4.3.6.3 施工负责人命令驻站联络员开通线路。

4.3.6.4 驻站联络员在车站办理销记手续，开通线路。

4.3.7 收工，召开总结会。

4.4 作业标准。

4.4.1 清挖深度：线路中心一般挖至轨底下 50～100 mm，轨枕头清至轨枕底下 150～200 mm，轨枕头外侧挖至路基面。

4.4.2 道岔清筛枕盒内一般挖至枕下 100 mm，外股钢轨挖至枕下 150 mm，枕端挖至枕底 200 mm，枕端外侧挖至枕底 500 mm，顺道岔方向形成一条深 500 mm、宽 300 mm 的纵向渗水盲沟，轨枕头外挖至路基面。条件允许的话必须形成双面排水坡。

4.4.3 备足石砟，清挖后道床断面应符合《铁路线路修理规则》规定。

4.4.4 清挖地段，须加强捣固，保持线路状态良好。

4.4.5 脏污物不得堆放在路肩上、路堑边坡上和排水沟内，路肩无外高内低现象。

5 安全措施

5.1 作业前，按规定办理封锁手续，设置防护。封锁命令下达后，按照"手比、眼看、口呼"制度，确认无车后方可上道作业。作业后，拆除防护，销记，开通线路。

5.2 按规定使用个人防护用品，防止碰伤手脚。

5.3 作业中，严禁跨越未封锁线路。站区作业须跨越股道时，必须设置专人防护，按照"手比、眼看、口呼"制度，确认无车时方可通过。

十六、螺栓锚固作业指导书

1 主题内容及适用范围

1.1 本作业指导书规定了螺栓锚固作业程序、项目、内容及相关标准。

1.2 本作业指导书适用于线路轨道设备。

2 作业目的

2.1 发现并消除隐患，确保轨道设备质量符合《铁路线路修理规则》规定要求。

3 作业流程图（见图16）

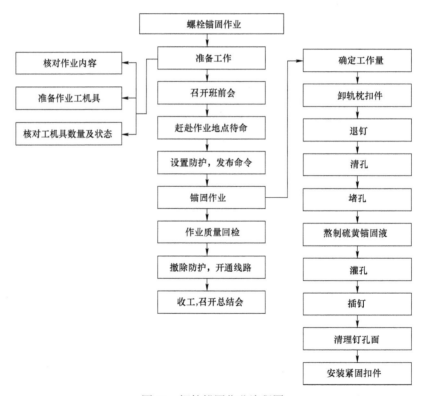

图16 螺栓锚固作业流程图

4 作业条件、程序及相关标准

4.1 作业条件。

4.1.1 利用维修天窗、施工天窗或临时天窗作业，施工负责人由工班长及以上职位人员担任。车站设驻站联络员，现场设现场防护员。

4.1.2 雨天或气温低于 0℃时，不得使用硫黄水泥砂浆在线上进行锚固作业。

4.1.3 夜间作业时，必须备齐、备足照明设备。

4.2 准备工作。

4.2.1 核对作业内容，包括作业地点、作业项目及内容。

4.2.2 作业工机具准备，包括空心钻、扳手、手锤、喷灯、小钢钎、灌浆勺、铁锅、螺栓道钉、硫黄、水泥、砂子、石蜡。

4.2.3 核对工机具数量及状态。

4.2.3.1 施工负责人对当日使用的量具进行检查核对。

4.2.3.2 施工负责人对作业工机具进行核对，并检查机具的状态，以及液压油是否足量、有无漏油。

4.3 作业项目、内容及流程。

4.3.1 召开班前会。

4.3.1.1 施工负责人点名，布置工作。明确分工、作业项目、作业内容、作业时间，提出作业要求。

4.3.1.2 安全预想，提出防控措施，检查防护用品。

4.3.2 赶赴作业地点待命。

4.3.3 设置防护、发布命令。

4.3.3.1 作业前 60 min，驻站联络员与车站值班员联系，在车站登记，认真做好信息预报、确报。调度命令下达后，立即通知施工负责人及现场防护员。

4.3.3.2 现场防护员打开封闭的栅栏门，作业人员按进场顺序进入防护围栏。按规定设置好防护后，立即通知施工负责人防护设置完毕。

4.3.3.3 施工负责人核对施工命令、计划、地点，确认防护到位后，通知作业人员上道作业。

4.3.4 锚固作业。

4.3.4.1 根据设备调查情况，确定工作量。

4.3.4.2 卸轨枕扣件。

① 将螺帽及扣件卸下，集中放在轨枕附近。

② 每隔两根轨枕允许拆卸一根轨枕的螺栓进行锚固作业。

4.3.4.3 退钉。

① 用空心钻对准轨枕孔钻孔，钻孔后将螺旋道钉从轨枕孔中取出。

② 也可用喷灯喷烤旧钉孔处，喷烤到灼热状态时，一人扶住钢钎，一人用大锤砸钢钎，把旧螺栓冲活后，从轨枕孔中取出。

4.3.4.4 清孔：清理好钉孔，恢复原来的喇叭型。

4.3.4.5 堵孔：用粗砂将孔底封死并捣固，孔深度不小于 160 mm。

4.3.4.6 熬制硫黄锚固液。按照硫黄锚固物的成分配合比，将锚固块粉碎放入锅中，加热至变成液胶状态时即可灌浆。

4.3.4.7 灌孔：用灌孔勺将锚固液均匀地一次灌入钉孔内，要灌够，不宜大满，液面距承轨台面 10 mm 左右为宜。

4.3.4.8 插钉：将螺旋道钉左右旋转垂直插入，待锚固液凝固后，方可松手。

4.3.4.9 清理钉孔面：外溢的溶固液凝固后，要铲除干净。

4.3.4.10 安装紧固扣件：待浆液充分冷却后，装好扣件，拧紧螺帽。

4.3.5 作业质量回检。

4.3.5.1 根据作业标准进行质量回检，发现不符合作业标准处所应进行整修。

4.3.5.2 施工负责人对作业地段设备状态进行全面检查，确认放行列车条件，并做好回检记录。

4.3.6 撤除防护，开通线路。

4.3.6.1 施工负责人和现场防护员共同确认线路达到放行列车条件，人员、机具、材料撤出至限界以外。

4.3.6.2 现场防护员根据施工负责人的命令撤除现场防护，清点防护工具，封闭栅栏门。

4.3.6.3 施工负责人命令驻站联络员开通线路。

4.3.6.4 驻站联络员在车站办理销记手续，开通线路。

4.3.7 收工，召开总结会。

4.4 作业标准。

4.4.1 应根据气候条件确定各种材料用量：硫黄∶水泥∶砂子∶石蜡=1∶（0.3～

0.6）：（1～1.5）：（0.01～0.03）。

4.4.2　螺旋道钉的方（圆）台，应高出承轨台面 0～2 mm。锚固后液面与承轨台面平齐。

4.4.3　使弹条中部前端下靠贴轨距挡板，或保持在 80～150 N·m 力矩。

5　安全措施

5.1　作业前，按规定办理封锁手续，设置防护。封锁命令下达后，按照"手比、眼看、口呼"制度，确认无车后方可上道作业。作业后，拆除防护，销记，开通线路。

5.2　熬制硫黄锚固液时，应穿戴好个人防护用品，防止硫黄锚固液溅出伤人。清孔时，应防止锤砸手。

5.3　作业中，严禁跨越未封锁线路。站区作业须跨越股道时，必须设置专人防护，按照"手比、眼看、口呼"制度，确认无车时方可通过。

十七、整治接头错牙作业指导书

1 主题内容及适用范围

1.1 本作业指导书规定了整治接头错牙作业程序、项目、内容及相关标准。

1.2 本作业指导书适用于线路、道岔钢轨接头设备。

2 作业目的

2.1 发现并消除隐患，确保轨道设备质量符合《铁路线路修理规则》规定要求。

3 作业流程图（见图17）

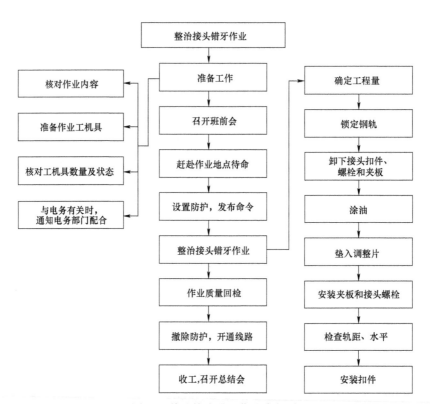

图17 整治接头错牙作业流程图

4 作业条件、程序及相关标准

4.1 作业条件。

4.1.1 利用维修天窗、施工天窗或临时天窗作业，施工负责人由工班长及以上职位人员担任。车站设驻站联修员，现场设现场防护员。用对讲机或有线电话联控，设置移动停车手信号防护。

4.1.2 夜间作业时必须备齐、备足照明设备。

4.1.3 与电务有关时，必须通知电务部门配合。

4.2 准备工作。

4.2.1 核对作业内容，包括作业地点、作业项目及内容。

4.2.2 作业工机具准备，包括轨距尺、1 m钢直尺、扳手、钢丝刷、毛刷、道钉锤、铁垫片、油料、螺栓、垫圈等。

4.2.3 核对工机具数量及状态。

4.2.3.1 施工负责人对当日使用的量具进行检查核对。

4.2.3.2 施工负责人对作业工机具进行核对，并检查机具的状态，以及液压油是否足量、有无漏油。

4.2.4 与电务有关时，通知电务部门配合。

4.3 作业项目、内容及流程。

4.3.1 召开班前会。

4.3.1.1 施工负责人点名，布置工作。明确分工、作业项目、作业内容、作业时间，提出作业要求。

4.3.1.2 安全预想，提出防控措施，检查防护用品。

4.3.2 赶赴作业地点待命。

4.3.3 设置防护、发布命令。

4.3.3.1 作业前60 min，驻站联络员与车站值班员联系，在车站登记，认真做好信息预报、确报。调度命令下达后，立即通知施工负责人及现场防护员。

4.3.3.2 现场防护员打开封闭的栅栏门，作业人员按进场顺序进入防护围栏。按规定设置好防护后，立即通知施工负责人防护设置完毕。

4.3.3.3 施工负责人核对施工命令、计划、地点，确认防护到位后，通知作业人员上道作业。

4.3.4 整治接头错牙。

4.3.4.1 测量错牙接头及其前后的轨缝，以判断是否需要进行轨缝调整。检查钢轨接头错牙量，确定工作量。

4.3.4.2 锁定钢轨：拧紧前后两节钢轨的扣件，打紧防爬器。

4.3.4.3 卸下接头两根轨枕的扣件。

4.3.4.4 卸下接头螺栓和接头夹板。

4.3.4.5 对螺栓、夹板和钢轨涂油。

4.3.4.6 垫入调整片。根据接头错牙量的大小，选择适当厚度的垫圈（垫片），垫在夹板与钢轨之间，或垫在低错轨端的夹板与钢轨之间。

4.3.4.7 安装夹板和接头螺栓，并拧紧接头螺栓。

若接头错牙仍未完全消除，则应拆开接头，调整垫圈（三角铁垫片）的厚度重新垫入。

4.3.4.8 检查轨距、水平。若轨距、水平误差超限，应进行改道和捣固。

4.3.4.9 安装接头两根轨枕的扣件，并拧紧。

4.3.5 作业质量回检。

4.3.5.1 根据作业标准进行质量回检，发现不符合作业标准处所应进行整修。

4.3.5.2 施工负责人对作业地段设备状态进行全面检查，确认放行列车条件，并做好回检记录。

4.3.6 撤除防护，开通线路。

4.3.6.1 施工负责人和现场防护员共同确认线路达到放行列车条件，人员、机具、材料撤出至限界以外。

4.3.6.2 现场防护员根据施工负责人的命令撤除现场防护，清点防护工具，封闭栅栏门。

4.3.6.3 施工负责人命令驻站联络员开通线路。

4.3.6.4 驻站联络员在车站办理销记手续，开通线路。

4.3.7 收工，召开总结会。

4.4 作业标准。

4.4.1 钢轨接头轨面及内侧错牙，正线及到发线不大于 1 mm，其他站线不大于 2 mm。

4.4.2 轨道几何尺寸及联结零件，应符合验收标准。

5　安全措施

5.1　作业前，按规定办理封锁手续，设置防护。封锁命令下达后，按照"手比、眼看、口呼"制度，确认无车后方可上道作业。作业后，拆除防护，销记，开通线路。

5.2　高温季节，要检查作业地点前后有无瞎缝，如有瞎缝应先行调整，防止胀轨跑道。

5.3　不得坐在钢轨上卸、紧螺栓，不得用手指穿进夹板孔和钢轨孔来牵引螺栓。

5.4　作业中，严禁跨越未封锁线路。站区作业须跨越股道时，必须设置专人防护，按照"手比、眼看、口呼"制度，确认无车时方可通过。

十八、矫直钢轨硬弯作业指导书

1 主题内容及适用范围

1.1 本作业指导书规定了矫直钢轨硬弯作业程序、项目、内容及相关标准。

1.2 本作业指导书适用于线路、道岔钢轨设备。

2 作业目的

2.1 发现并消除隐患，确保轨道设备质量符合《铁路线路修理规则》规定要求。

3 作业流程图（见图18）

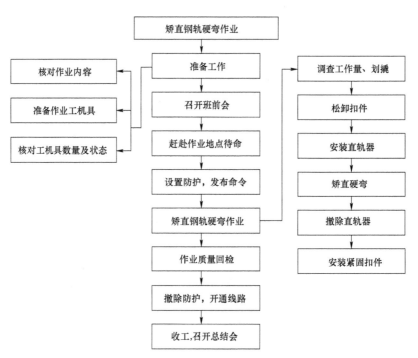

图18 矫直钢轨硬弯作业流程图

4　作业条件、程序及相关标准

4.1　作业条件。

4.1.1　利用维修天窗、施工天窗或临时天窗作业施工负责人由工班长及以上职位人员担任。车站设驻站联络员，作业现场设现场防护员，用对讲机或有线电话联控，设置移动手信号防护。

4.1.2　夜间作业时必须备齐、备足照明设备。

4.2　准备工作。

4.2.1　核对作业内容，包括作业地点、作业项目及内容。

4.2.2　作业工机具准备，包括直轨器、道镐、小撬棍、活扳手、弦绳、1 m钢直尺、轨距尺、石笔等。

4.2.3　核对工机具数量及状态。

4.2.3.1　施工负责人对当日使用的量具进行检查核对。

4.2.3.2　施工负责人对作业工机具进行核对，并检查机具的状态，以及液压油是否足量、有无漏油。

4.3　作业项目、内容及流程。

4.3.1　召开班前会。

4.3.1.1　施工负责人点名，布置工作。明确分工、作业项目、作业内容、作业时间，提出作业要求。

4.3.1.2　安全预想，提出防控措施，检查防护用品。

4.3.2　赶赴作业地点待命。

4.3.3　设置防护、发布命令。

4.3.3.1　作业前60 min，驻站联络员与车站值班员联系，在车站登记，认真做好信息预报、确报。调度命令下达后，立即通知施工负责人及现场防护员。

4.3.3.2　现场防护员打开封闭的栅栏门，作业人员按进场顺序进入防护围栏。按规定设置好防护后，立即通知施工负责人防护设置完毕。

4.3.3.3　施工负责人核对施工命令、计划、地点，确认防护到位后，通知作业人员上道作业。

4.3.4　矫直钢轨硬弯。

4.3.4.1　调查工作量及划撬：距硬弯处10～15 m，背阳光观察轨距线，确定真假硬弯，确定硬弯的长度和始终点，找出最大矢距点，用石笔标明位置，用箭头表示调直方向，并将调直资料填入记录本。

4.3.4.2 松卸扣件：在硬弯矫直部位松开 5 个轨枕头的扣件。硬弯距接头较近时，应松开接头螺栓。

4.3.4.3 安装直轨器：按始、终点将直轨器安放平稳，并与轨面密贴。

4.3.4.4 矫直硬弯：将弯臂钩对正硬弯始点，液压顶放在弯臂钩前端，每隔 200～250 mm 向前矫直一处。较长的硬弯需多点矫直时，应根据轨温及轨型适当预留回弹量，一般矫直量为硬弯矢度的 1.6～1.9 倍。

4.3.4.5 撤除直轨器：矫直到位后，要保压 5～10 s，然后松开油阀，动作要缓和，以确保矫直效果。

4.3.4.6 安装紧固扣件：先拨正非矫直股方向，然后改正轨距，补齐道钉或扣件，上好接头螺栓。

4.3.5 作业质量回检。

4.3.5.1 根据作业标准进行质量回检，发现不符合作业标准处所应进行整修。

4.3.5.2 施工负责人对作业地段设备状态进行全面检查，确认放行列车条件，并做好回检记录。

4.3.6 撤除防护，开通线路。

4.3.6.1 施工负责人和现场防护员共同确认线路达到放行列车条件，人员、机具、材料撤出至限界以外。

4.3.6.2 现场防护员根据施工负责人的命令撤除现场防护，清点防护工具，封闭栅栏门。

4.3.6.3 施工负责人命令驻站联络员开通线路。

4.3.6.4 驻站联络员在车站办理销记手续，开通线路。

4.3.7 收工，召开总结会。

4.4 作业标准。

4.4.1 作业后目视钢轨直顺，用 1 m 钢直尺测量，矢度不大于 0.5 mm。

4.4.2 轨距、轨向和顺坡率符合《铁路线路修理规则》中作业验收要求。

4.4.3 轨道联结零件，应符合验收标准。

5　安全措施

5.1　作业前，按规定办理封锁手续，设置防护。封锁命令下达后，按照"手比、眼看、口呼"制度，确认无车后方可上道作业。作业后，拆除防护，销记，开通线路。

5.2　矫直钢轨作业时，轨温应高于25℃，调查工作量时要在高温前进行。

5.3　上道前，检查机具有无带"病"上道。转移直轨器时，要注意不碰伤手脚。

5.4　作业中，严禁跨越未封锁线路。站区作业须跨越股道时，必须设置专人防护，按照"手比、眼看、口呼"制度，确认无车时方可通过。

十九、更换夹板作业指导书

1 主题内容及适用范围

1.1 本作业指导书规定了更换夹板作业程序、项目、内容及相关标准。

1.2 本作业指导书适用于线路、道岔钢轨设备。

2 作业目的

2.1 发现并消除隐患,确保轨道设备质量符合《铁路线路修理规则》规定要求。

3 作业流程图(见图 19)

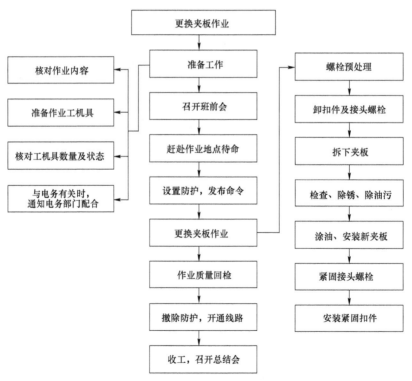

图 19 更换夹板作业流程图

4 作业条件、程序及相关标准

4.1 作业条件。

4.1.1 利用维修天窗、施工天窗或临时天窗作业。施工负责人由工班长及以上职位人员担任。车站设驻站联络员，现场设现场防护员，用对讲机或有线电话联控，设置移动停车手信号防护。

4.1.2 夜间作业时必须备齐、备足照明设备。

4.2 准备工作。

4.2.1 核对作业内容，包括作业地点、作业项目及内容。

4.2.2 准备工机具、材料，包括扳手、道钉锤、扁铲、钢丝刷、油刷、油料等。

4.2.3 核对工机具数量及状态。

4.2.3.1 施工负责人对当日使用的量具进行检查核对。

4.2.3.2 施工负责人对作业工机具进行核对，并检查机具的状态，以及液压油是否足量、有无漏油。

4.2.4 与电务有关时，通知电务部门配合。

4.3 作业项目、内容及流程。

4.3.1 召开班前会。

4.3.1.1 施工负责人点名，布置工作。明确分工、作业项目、作业内容、作业时间，提出作业要求。

4.3.1.2 安全预想，提出防控措施，检查防护用品。

4.3.2 赶赴作业地点待命。

4.3.3 设置防护、发布命令。

4.3.3.1 作业前 60 min，驻站联络员与车站值班员联系，在车站登记，认真做好信息预报、确报。调度命令下达后，立即通知施工负责人及现场防护员。

4.3.3.2 现场防护员打开封闭的栅栏门，作业人员按进场顺序进入防护围栏。按规定设置好防护后，立即通知施工负责人防护设置完毕。

4.3.3.3 施工负责人核对施工命令、计划、地点，确认防护到位后，通知作业人员上道作业。

4.3.4 更换夹板。

4.3.4.1 接头夹板更换前的螺栓预处理：卸掉 2、5 位螺栓；对其他 4 个螺栓，逐个涂油，加垫垫圈，再重新上紧。

4.3.4.2 卸扣件及接头螺栓：卸掉轨枕扣件。将接头螺栓卸掉，其顺序为先 1、3 位，后 4、6 位。

4.3.4.3 拆下夹板：用扳手尖端撬出夹板，放在方便的位置。

4.3.4.4 检查、除锈、除油污：检查轨腹、轨端有无伤损，然后用扁铲和钢丝刷除去夹板、钢轨端部与螺栓上的铁锈和油污。

4.3.4.5 涂油，安装新夹板：在夹板和钢轨两者接触面上均匀涂油，并将新夹板扣入。

4.3.4.6 紧固接头螺栓：用扳手尖端串入夹板螺孔和钢轨螺孔内使其对齐对正，然后穿入全部螺栓拧紧钢轨接头 6 孔螺栓。紧固螺栓时，在直线上，先上紧最外侧两个螺栓，再上紧中间两个螺栓，剩下两个最后上紧；在曲线上，则先上紧最外两个螺栓，再上紧次外两个螺栓，最后上紧中间两个螺栓，安装、拧紧扣件螺栓。全部螺栓上紧后，应复紧一遍。

4.3.5 作业质量回检。

4.3.5.1 根据作业标准进行质量回检，发现不符合作业标准处所应进行整修。

4.3.5.2 施工负责人对作业地段设备状态进行全面检查，确认放行列车条件，并做好回检记录。

4.3.6 撤除防护，开通线路。

4.3.6.1 施工负责人和现场防护员共同确认线路达到放行列车条件，人员、机具、材料撤出至限界以外。

4.3.6.2 现场防护员根据施工负责人的命令撤除现场防护，清点防护工具，封闭栅栏门。

4.3.6.3 施工负责人命令驻站联络员开通线路。

4.3.6.4 驻站联络员在车站办理销记手续，开通线路。

4.3.7 收工，召开总结会。

4.4 作业标准。

4.4.1 接头轨面及内侧错牙，正线、到发线不大于 1 mm，其他站线不大于 2 mm。

4.4.2 接头螺栓应齐全，作用良好，缺损时应及时补齐和更换。夹板联结严密，普通线路接头螺栓扭矩应达到规定值，并保持均匀。当扭矩不足时，不得低于规定值 100 N·m 以上。垫圈开口向下。

5 安全措施

5.1 作业前，按规定办理线路封锁手续，设置防护。封锁命令下达后，按照"手比、眼看、口呼"制度，确认无车后方可上道作业。作业后，拆除防护，销记，开通线路。

5.2 来车时，接头至少上足 4 个螺栓（接头每端 2 个），才能放行列车。

5.3 安装夹板和螺栓时，严禁用手指穿入螺栓孔内和轨缝内，以免夹伤手指。

5.4 作业中，严禁跨越未封锁的线路。站区作业须跨越股道时，必须设置专人防护，按照"手比、眼看、口呼"制度，确认无车时方可通过。

二十、锯轨作业指导书

1 主题内容及适用范围

1.1 本作业指导书规定锯轨作业程序、项目、内容及相关标准。

1.2 本作业指导书适用于线路、道岔钢轨设备。

2 作业目的

2.1 发现并消除隐患，确保轨道设备质量符合《铁路线路修理规则》规定要求。

3 作业流程图（见图20）

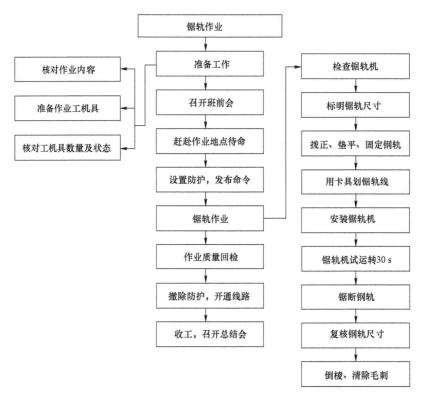

图20　锯轨作业流程图

4 作业条件、程序及相关标准

4.1 作业条件。

4.1.1 利用维修天窗、施工天窗或临时天窗作业。施工负责人由工班长及以上职位人员担任。车站设驻站联络员，现场设现场防护员，用对讲机或有线电话联控，设置移动停车手信号防护。

4.1.2 夜间作业时必须备齐、备足照明设备。

4.2 准备工作。

4.2.1 核对作业内容，包括作业地点、作业项目及内容。

4.2.2 作业工机具准备，包括钢卷尺、卡具、撬棍、锯轨机、砂轮机、锉刀、锤子、道钉、石笔等。

4.2.3 核对工机具数量及状态。

4.2.3.1 施工负责人对当日使用的量具进行检查核对。

4.2.3.2 施工负责人对作业工机具进行核对，并检查机具的状态，以及液压油是否足量、有无漏油。

4.3 作业项目、内容及流程。

4.3.1 召开班前会。

4.3.1.1 施工负责人点名，布置工作。明确分工、作业项目、作业内容、作业时间，提出作业要求。

4.3.1.2 安全预想，提出防控措施，检查防护用品。

4.3.2 赶赴作业地点待命。

4.3.3 设置防护、发布命令。

4.3.3.1 作业前 60 min，驻站联络员与车站值班员联系，在车站登记，认真做好信息预报、确报。调度命令下达后，立即通知施工负责人及现场防护员。

4.3.3.2 现场防护员打开封闭的栅栏门，作业人员按进场顺序进入防护围栏。按规定设置好防护后，立即通知施工负责人防护设置完毕。

4.3.3.3 施工负责人核对施工命令、计划、地点，确认防护到位后，通知作业人员上道作业。

4.3.4 锯轨作业。

4.3.4.1 检查锯轨机：机油、汽油、动力、机温是否正常，各紧固件、砂轮片是否紧固。

4.3.4.2 标明锯轨尺寸：选好钢轨，并用石笔或白铅油标明应锯尺寸。

4.3.4.3 将应锯的钢轨拨正、垫平、固定。注意，要垫在钢轨锯断处附近。

4.3.4.4 用卡具划锯轨线。注意，应从轨面划至轨底。

4.3.4.5 安装锯轨机。

4.3.4.6 锯轨机试运行 30 s：开启锯轨机，运转 30 s，观察机械运转是否正常。

4.3.4.7 锯断钢轨：先从轨头侧面上棱下锯，接近轨底时，要掌握锯轨角度，切不可垂直锯切轨底；锯轨时不宜用力过猛，不宜长时间接触钢轨；锯轨完毕，断开油路，卸掉锯轨机。

4.3.4.8 复核钢轨尺寸。

4.3.4.9 倒棱、消除毛刺：用砂轮机或锉刀将轨头、轨底毛刺清除，并对轨头切倒棱。

4.3.5 作业质量回检。

4.3.5.1 根据作业标准进行质量回检，发现不符合作业标准处所应进行整修。

4.3.5.2 施工负责人对作业地段设备状态进行全面检查，确认放行列车条件，并做好回检记录。

4.3.6 撤除防护，开通线路。

4.3.6.1 施工负责人和现场防护员共同确认线路达到放行列车条件，人员、机具、材料撤出至限界以外。

4.3.6.2 现场防护员根据施工负责人的命令撤除现场防护，清点防护工具，封闭栅栏门。

4.3.6.3 施工负责人命令驻站联络员开通线路。

4.3.6.4 驻站联络员在车站办理销记手续，开通线路。

4.3.7 收工，召开总结会。

4.4 作业标准。

4.4.1 锯后长度误差不超过 2 mm。

4.4.2 锯后上下、左右偏差不超过 4 mm。

5 安全措施

5.1 作业前，按规定办理封锁手续，设置防护。封锁命令下达后，按照"手比、眼看、口呼"制度，确认无车后方可上道作业。作业后，拆除防护，销记，开通线路。

5.2 按规定穿戴和使用个人防护用品。

5.3 用锯轨机切割钢轨时，其他人员应远离锯轨机两侧和前方，防止锯片伤人。

5.4 作业中，严禁跨越未封锁线路。站区作业须跨越股道时，必须设置专人防护，按照"手比、眼看、口呼"制度，确认无车时方可通过。

二十一、钢轨钻孔作业指导书

1 主题内容及适用范围

1.1 本作业指导书规定钢轨钻孔作业程序、项目、内容及相关标准。

1.2 本作业指导书适用于线路、道岔钢轨设备。

2 作业目的

2.1 发现并消除隐患,确保轨道设备质量符合《铁路线路修理规则》规定要求。

3 作业流程图（见图21）

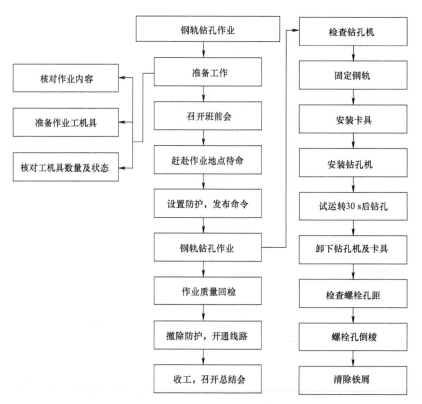

图21 钢轨钻孔作业流程图

4 作业条件、程序及相关标准

4.1 作业条件。

4.1.1 利用维修天窗、施工天窗作业或临时天窗作业。施工负责人由站区副主任及以上职位人员担任（维修项目较多时可委托站区管理人员担任）。车站设驻站联络员，现场设现场防护员，用对讲机或有线电话联控，设置移动停车手信号防护。线下钻孔由工班长及以上职位人员担任作业负责人。

4.1.2 夜间作业时必须备齐、备足照明设备。

4.2 准备工作。

4.2.1 核对作业内容，包括作业地点、作业项目及内容。

4.2.2 作业工机具准备，包括卡具、钻孔机、倒棱器、钢直尺、水桶等。

4.2.3 核对工机具数量及状态。

4.2.3.1 施工负责人对当日使用的量具进行检查核对。

4.2.3.2 施工负责人对作业工机具进行核对，并检查机具的状态，以及液压油是否足量、有无漏油。

4.3 作业项目、内容及流程。

4.3.1 召开班前会。

4.3.1.1 施工负责人点名，布置工作。明确分工、作业项目、作业内容、作业时间，提出作业要求。

4.3.1.2 安全预想，提出防控措施，检查防护用品。

4.3.2 赶赴作业地点待命。

4.3.3 设置防护、发布命令。

4.3.3.1 作业前 60 min，驻站联络员与车站值班员联系，在车站登记，认真做好信息预报、确报。调度命令下达后，立即通知施工负责人及现场防护员。

4.3.3.2 现场防护员打开封闭的栅栏门，作业人员按进场顺序进入防护围栏。按规定设置好防护后，立即通知施工负责人防护设置完毕。

4.3.3.3 施工负责人核对施工命令、计划、地点，确认防护到位后，通知作业人员上道作业。

4.3.4 钢轨钻孔作业。

4.3.4.1 检查钻孔机：机油、汽油、动力、机温是否正常，各紧固件、钻头是否紧固。

4.3.4.2 固定钢轨：将钢轨放平，固定好，以免发生摇晃。

4.3.4.3 安装卡具：确定卡具型号、钻孔机顶铁型号与钢轨型号相符。

4.3.4.4 安装钻孔机：将钻孔机水平固定在卡具槽内，安牢钻头，备好水。

4.3.4.5 试运转 30 s 后钻孔：机具试运转 30 s 后开始钻孔，均匀推进钻头，边浇水边钻孔。

4.3.4.6 卸下钻孔机及卡具。

4.3.4.7 检查螺栓孔间距是否达到技术标准。

4.3.4.8 螺栓孔倒棱。

4.3.4.9 清除铁屑。

4.3.5 作业质量回检。

4.3.5.1 根据作业标准进行质量回检，发现不符合作业标准处所应进行整修。

4.3.5.2 施工负责人对作业地段设备状态进行全面检查，确认放行列车条件，并做好回检记录。

4.3.6 撤除防护，开通线路。

4.3.6.1 施工负责人和现场防护员共同确认线路达到放行列车条件，人员、机具、材料撤出至限界以外。

4.3.6.2 现场防护员根据施工负责人的命令撤除现场防护，清点防护工具，封闭栅栏门。

4.3.6.3 施工负责人命令驻站联络员开通线路。

4.3.6.4 驻站联络员在车站办理销记手续，开通线路。

4.3.7 收工，召开总结会。

4.4 作业标准。

4.4.1 钻孔位置上下、左右偏差在 2 mm 以内。

4.4.2 螺栓孔间距误差在 2 mm 以内。

4.4.3 孔边缘无裂缝、无毛刺。

5 安全措施

5.1 作业前，按规定办理封锁手续，设置防护。封锁命令下达后，按照"手比、眼看、口呼"制度，确认无车后方可上道作业。作业后，拆除防护，销记，开通线路。

5.2　按规定穿戴和使用个人防护用品。

5.3　不得"带病"使用机械，线上作业发生故障时应及时停机下道检修。

5.4　作业中，严禁跨越未封锁线路。站区作业须跨越股道时，必须设置专人防护，按照"手比、眼看、口呼"制度，确认无车时方可通过。

第二部分

桥隧路基标准化作业指导书

一、整修桥梁护轨作业指导书

1 适用范围

1.1 护轨与基本轨间距离超限，接头靠基本轨一侧左右错牙，轨底悬空，护轨螺旋道钉或扣件缺少、折断等。

1.2 梭头尖端悬出轨枕边缘大于 5 mm。

1.3 护轨接头连接零件安装不符合规定、松动等。

1.4 轨底垫板损坏。

2 作业目的

2.1 消灭护轨超限或失格，保证护轨状态良好，发挥其应有作用，确保行车安全。

3 作业流程图（见图 22）

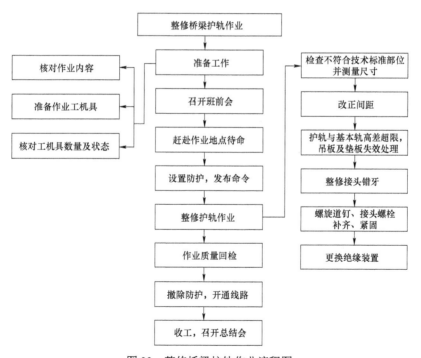

图 22 整修桥梁护轨作业流程图

4 作业条件、程序及相关标准

4.1 作业条件。

4.1.1 利用维修天窗或施工天窗作业。

4.1.2 涉及线路撤板、起道、捣固等配合作业，应在线路维修作业允许轨温条件下进行。

4.2 准备工作。

4.2.1 核对作业内容，包括作业地点、作业项目及内容。

4.2.2 作业工机具准备，包括液压起拨道器、道钉锤、撬棍、钢卷尺、600 mm 钢直尺、扁油刷、钢丝刷、小油桶、T 型套筒扳手、活扳手、接头铁垫片等，视桥枕类型选用。

4.2.3 核对工机具数量及状态。

4.2.3.1 施工负责人对当日使用的量具进行检查核对。

4.2.3.2 施工负责人对作业工机具进行核对，并检查机具的状态，以及液压油是否足量、有无漏油。

4.3 作业项目、内容及流程。

4.3.1 召开班前会。

4.3.1.1 施工负责人点名，布置工作。明确分工、作业项目、作业内容、作业时间，提出作业要求。

4.3.1.2 安全预想，提出防控措施，检查防护用品。

4.3.2 赶赴作业地点待命。

4.3.3 设置防护、发布命令。

4.3.3.1 作业前 60 min，驻站联络员与车站值班员联系，在车站登记，认真做好信息预报、确报。调度命令下达后，立即通知施工负责人及现场防护员。

4.3.3.2 现场防护员打开封闭的栅栏门，作业人员按进场顺序进入防护围栏。按规定设置好防护后，立即通知施工负责人防护设置完毕。

4.3.3.3 施工负责人核对施工命令、计划、地点，确认防护到位后，通知作业人员上道作业。

4.3.4 整修护轨作业。

4.3.4.1 检查不符合技术标准的部位并测量尺寸，做好标记。

4.3.4.2 改正间距。

（1）松卸护轨扣件，必要时涂油防锈。

（2）拨正护轨，确认扣板型号。调整扣板正反面、进行护轨两侧互换或换新等。

（3）上齐配件，拧紧至规定扭矩。

4.3.4.3 护轨与基本轨高差超限，吊板及垫板失效处理。

（1）撤除调高垫板，起道捣固，整修基本轨，使线路无超限。

（2）松卸护轨扣件，撤除失效垫板，将枕面锚固料等杂物清除干净。

（3）抬起护轨，更换垫板。

（4）上齐配件，拧紧至规定扭矩。

4.3.4.4 整修接头错牙：松开护轨接头螺栓，在夹板和钢轨间塞入调整垫片，紧固接头螺栓。因钢轨肥边造成错牙超限时，用砂轮机打磨掉旧轨肥边，做好顺坡。

4.3.4.5 接头螺栓补齐、紧固：补齐螺旋道钉和接头螺栓，按规定拧紧至规定扭矩。

4.3.4.6 更换绝缘装置：配合电务做好绝缘装置的更换。

4.3.5 作业质量回检。

4.3.5.1 根据作业标准进行质量回检，发现不符合作业标准处所应进行整修。

4.3.5.2 施工负责人对作业地段设备状态进行全面检查，确认放行列车条件，并做好回检记录。

4.3.6 撤除防护，开通线路。

4.3.6.1 施工负责人和现场防护员共同确认线路达到放行列车条件，人员、机具、材料撤出至限界以外。

4.3.6.2 现场防护员根据施工负责人的命令撤除现场防护，清点防护工具，封闭栅栏门。

4.3.6.3 施工负责人命令驻站联络员开通线路。

4.3.6.4 驻站联络员在车站办理销记手续，开通线路。

4.3.7 收工，召开总结会。

4.4 作业标准。

4.4.1 护轨与基本轨顶面高差不超过 $-25\,\text{mm}\sim5\,\text{mm}$。在有砟桥上，护轨与基本轨头部间净距为 $500\,\text{mm}$ 时，允许误差为 $-10\,\text{mm}\sim-5\,\text{mm}$。其他允许误差为 $\pm10\,\text{mm}$。

4.4.2 轨底悬空大于 $5\,\text{mm}$ 处所不超过 8%，梭头尖端悬出轨枕的长度不大于

5 mm。

4.4.3 接头靠基本轨一侧，左右错牙不大于 5 mm。

4.4.4 扣件齐全完好，浮离 2 mm 及以上的不超过 5%。

4.4.5 当护轨下组装通长铁垫板时，铁垫板下可设厚度不小于 4 mm 的橡胶垫板，固定通长铁垫板的螺栓扭矩不应小于 80 N•m，扣板螺栓的扭矩应为 40～60 N•m。新型扣板式扣件螺栓扭矩应为 30～50 N•m。

4.4.6 每个接头夹板螺栓不少于 4 个，螺帽安装在线路中心一侧。按规定设置绝缘装置，并保持状态良好。

4.4.7 既有线有砟桥上护轨，当位于Ⅲ型混凝土轨枕地段时应采用比基本轨低一级的钢轨。当位于Ⅱ型混凝土轨枕地段时应采用比基本轨低一级或二级的钢轨。新建或改建有砟桥上护轨，应采用与基本轨同一类型或低一级的钢轨。

5 安全措施

5.1 严格按要求设置好防护。

5.2 施工时统一指挥，分工明确，动作协调。按规定使用个人防护用品。

5.3 抬起钢轨后，不得将手脚伸入轨底，及时塞好垫木，防止压伤手脚。

5.4 在有轨道电路区段作业时，撬棍应安装绝缘套管，执行《铁路工务安全规则》第 2.3.22 条规定，防止联电。

二、更换桥梁步行板作业指导书

1　适用范围

1.1　混凝土步行板破损、丢失。

2　作业目的

2.1　满足步行板平稳牢固、无串动要求，消灭不安全因素，确保桥上及桥下人员、车辆通行安全。

3　作业流程图（见图 23）

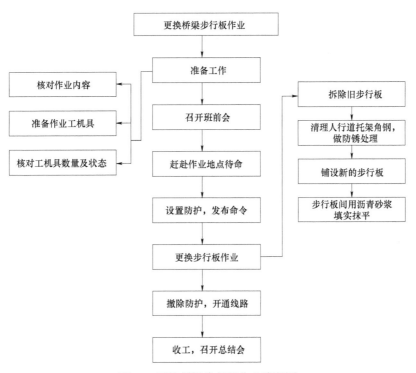

图 23　更换桥梁步行板作业流程图

4 作业条件、程序及相关标准

4.1 作业条件：利用点外作业。

4.2 准备工作。

4.2.1 核对作业内容，包括作业地点、作业项目及内容。

4.2.2 作业工机具准备，包括小撬棍、抹子、炉子、沥青锅。

4.2.3 核对工机具数量及状态。

4.2.3.1 施工负责人对当日使用的量具进行检查核对。

4.2.3.2 施工负责人对作业工机具进行核对，并检查机具的状态。

4.3 作业项目、内容及流程。

4.3.1 召开班前会。

4.3.1.1 施工负责人点名，布置工作。明确分工、作业项目、作业内容、作业时间，提出作业要求。

4.3.1.2 安全预想，提出防控措施，检查防护用品。

4.3.2 赶赴作业地点待命。

4.3.3 设置防护、发布命令。

4.3.3.1 作业前 60 min，驻站联络员与车站值班员联系，在车站登记，认真做好信息预报、确报。调度命令下达后，立即通知施工负责人及现场防护员。

4.3.3.2 现场防护员打开封闭的栅栏门，作业人员按进场顺序进入防护围栏。按规定设置好防护后，立即通知施工负责人防护设置完毕。

4.3.3.3 施工负责人核对施工命令、计划、地点，确认防护到位后，通知作业人员上道作业。

4.3.4 更换步行板作业。

4.3.4.1 拆除旧步行板。

4.3.4.2 清理人行道托架角钢，做防锈处理。

4.3.4.3 铺设新的步行板，要求铺设稳固、平顺、整齐。

4.3.4.4 步行板间用沥青砂浆填实抹平。

4.3.5 撤除防护，开通线路。

4.3.6 收工、召开总结会。

4.4 作业标准。

4.4.1 钢筋混凝土板平整、无裂纹、无损伤，边缝填塞饱满。钢质、橡胶步行板等应与人行道托架有防止移动、脱落的扣系。

4.4.2 步行板四角平整，连接牢固。

4.4.3 步行板铺设平直，边缘成一直线。

5 安全措施

5.1 作业前，正确使用个人防护用品，严格按要求设置好防护，邻线来车时停止作业，按有关规定下道（或在避车台内）避车，人员、材料、机具不得侵入限界。

5.2 高处作业需符合《铁路工务安全规则》第 3.3.4 条的有关规定。

第三部分

轨道车标准化作业指导书

一、轨道车司机标准化作业指导书

1　主题内容及适用范围

1.1　本作业指导书规定了轨道车司乘人员，出乘前准备、接车作业、出库或转线、连挂与摘解、发车准备与发车、途中运行、站内停车、中间站调车、区间作业、入库后作业、车载起重作业、防护作业的程序、项目、内容及相关标准。

1.2　本作业指导书适用于重型轨道车、安全检查车司机正确、安全地使用轨道车。

2　作业目的

2.1　轨道车司机熟练掌握轨道车各项操作规程，熟悉作业程序，掌握作业标准。

3　作业项目及内容

3.1　认真、全面地检查发动机，检查有无漏风、漏油、漏水等现象。

3.2　发现问题应及时处理，严禁带病出车。

3.3　认真检查，发现风挡玻璃破损，百叶窗、照明设备、喇叭、雨刷器、无线电通信设备等使用不良，应及时修理或更换。

3.4　发现三项设备作用不良，及时通知有关部门进行处理。

3.5　总风缸、均衡风缸、风管安装牢固、无漏风，排污阀无松漏、动作灵活、无堵塞。

3.6　闸瓦安装正确，无裂损、偏磨，闸瓦托、闸瓦钎安全环良好，闸瓦与车轮踏面缓解间隙为5～10 mm，闸瓦厚度不小于17 mm，砂箱、撒砂管良好。

3.7　制动缸、制动杆及各穿销、垫圈、开口销齐全完好，安装牢固，制动缸端盖螺栓齐全、无松动，制动主管无松动、漏风，制动缸行程符合技术要求。

3.8　内外弹簧、弹簧座无裂损。

3.9　车轮无裂痕、碾堆，踏面无剥离、掉块，擦伤不超限。

3.10　车辆连接良好，装载稳固，无超载、偏载、侵限等情况。

3.11　在动车前，必须进行制动试验，检查和确认制动系统风压良好，制动主管压力达到 0.49 MPa 方可启动。

3.12 运行中司机须精力集中，随时注意仪表和信号灯的显示，发现异状应及时判明原因，妥善处理。

3.13 加强瞭望，发现有塌方落石、行人上道等情况应及时采取措施，防止发生意外。

3.14 做到"彻底瞭望，确认信号，高声呼唤，手比眼看"，坚持二人共同确认信号行车。

3.15 遇到鸣笛标、作业标、车站、桥梁、隧道、道口及线路情况不明时，必须严格执行鸣笛及回示制度。

3.16 在影响视线的情况下，应加强瞭望，必要时可开前灯行驶或减速运行，做好随时停车准备。

3.17 认真确认调度命令，必须严格按规定速度通过限速地点。

3.18 摘车时要做到"一关前、二关后、三摘风管、四提钩"，防止拉断风管。需要摘开所挂车辆时，必须按规定对停留车辆做好防溜措施。

3.19 联挂车辆必须执行"十、五、三车"制度，接近被挂车辆时采取一度停车，然后联挂。

3.20 站场调车速度，在空线上牵引运行时最高不超过 40 km/h，推进运行时最高不超过 30 km/h，接近被联挂车辆时控制在 5 km/h 以下。

3.21 进入停有机车车辆线路的道岔后，应根据停留车位置，正确掌握速度，调车最高速度不得超过 20 km/h，本务机作业时最高速度不得超过 15 km/h。

3.22 推进转线调车作业时，两端操作的轨道车，司机必须在行进方向的前端操作，由副司机手持信号旗（灯）在前方引导，推进调车速度不得超过 30 km/h。

3.23 不能在半径小于 250 m 的曲线上进行摘挂作业。

3.24 两组以上轨道车联挂时，制动型式必须相同，联挂工作由专人负责指挥。联挂完毕后，必须进行全列制动试验，确认制动性能良好后方可行驶。

3.25 编组运行时应将功率大或重载车编在前，第一位车为本务机，各车司机间应加强联系，发车前司机应根据编组情况正确输入"监控记录装置"的有关数据。

3.26 两组及以上轨道车联挂运行时，由运行方向的前部轨道车负责，后部轨道车应服从前部指挥、密切配合，运行中认真执行鸣笛及回示制度。

3.27 确认入库调车信号或道岔开通信号显示正确，鸣笛后方可以不超过 3 km/h

的速度入库。

3.28 停车后做好防溜，并以双面红色信号灯防护，留专人看守。

3.29 按规定将各开关、手柄等置于正确位置，断开蓄电池刀闸，关好门窗。

3.30 做好防溜、防盗、防火工作。

4 安全控制及应急措施

4.1 轨道车管理部门应每月对轨道车全面添乘一次，了解掌握运行中工作情况，组织进行对规检查，分析作业安全、设备质量情况，建立问题库，并落实风险管理。

4.2 轨道车管理部门对作业中存在的安全、质量问题，应组织分析，查找原因，制定措施，落实责任，按照相关规定实施考核。

二、轨道车路料装载加固作业指导书

1 主题内容及适用范围

1.1 本作业指导书规定了轨道车在局管内进行路料装载及加固机械设备的运输作业程序、作业项目、作业内容及相关标准。

1.2 本作业指导书适用于轨道车附挂收轨平车（路用平车）路料装载加固的操作指导。

2 作业目的

2.1 轨道车司机及押运人员熟练掌握路料装载加固各项操作规程，熟悉作业程序、作业标准，明确路料运输装载加固安全责任，提高路料装载加固质量，确保路料运输安全。

3 作业程序、项目及内容

3.1 总体要求。

3.1.1 路料装载加固材料、加固装置的材质及规格必须符合国家、货运主管部门规定的标准和技术条件，严禁使用不合格的加固材料和加固装置。

3.1.2 路料装载加固的基本要求是：使货物均衡、稳定、重量均匀地分布在车地板上，不超载、偏载，不集重、偏重；在运输全过程中，不发生移动、滚动、倾覆、倒塌、坠落或飞溅等情况。货物装载的宽度与高度，不得超过机车车辆限界和特定区段装载限制，货物装载的重量不得超过货车容许载重量。当货物装载产生集重和偏载时，要根据《铁路货物装载加固规则》的相关规定，进行减载或配重。

3.1.3 运输路料时，装载单位应指派熟悉货物性质和装载加固技术要求的胜任人员随车押运，负责检查运输过程中的路料装载加固质量。

3.2 工务路料主要包括：

3.2.1 线上料：钢轨、轨枕、整组道岔、尖轨、基本轨、辙叉、接头夹板、扣板、弹条、轨距杆、轨撑、胶垫及各种螺栓等。

3.2.2　水泥制品：保护区标志、线路标志、桥梁挡砟块、道口铺板、人行道步行板等。

3.2.3　散料：水泥、砂子、道砟、片石、河卵石等。

3.2.4　用于线路修理、检测的小型养路机械及其他机械动力设备等。

3.3　路料装载加固方案及要求。

3.3.1　装载货物时，应摆放整齐、排列紧密。路料均衡装载、加固牢固，确保运输过程中不发生横向、纵向移动。

3.3.2　装载 25 m 钢轨，采用专用货物转向架两平车跨装方式时，若两平车地板面高度差超过 20 mm，必须垫平。遇有涂打"叺"的平车，允许放下端侧板进行装运，提钩杆与提杆座和放下的端侧板要捆紧锁牢。

3.3.3　装载 25 m 钢轨，采用钢轨吊装车装运时，需采用专用货物转向架跨装，若两平车地板面高度差超过 20 mm，必须垫平，提钩杆与提杆座要捆紧锁牢。钢轨应成对摆放，最多不得超过四层，钢轨是否需要扣装，应根据现场封锁时间确定。

3.3.4　钢轨要尽量摆放整齐，当装运的钢轨长度不一致时，应将短轨放于中间，均衡装载。当短轨需要夹板连接运输时，夹板和接头螺栓不得有损伤，两根钢轨端部各拧紧不少于 2 根普通接头螺栓。

3.3.5　装载零星散料时，装载高度不允许超过端板高度，必要时应使用绳网或铁线、钢丝绳等串联捆绑。

3.3.6　使用有端板、侧板的平车装载长度超出车地板的货物时，应将端板、侧板放下，用镀锌铁线将其与车体捆绑牢固或用锁铁卡紧。

3.4　路料装载加固管理。

3.4.1　路料装载加固由装车负责人统一指挥，由装车负责人、押运人员（或监控人员、轨道车司机）对装载加固情况进行检查、确认。

3.4.2　各单位，由装车负责人、监控人员（或轨道车司机）共同对路料的装载加固情况进行检查和确认，由装车负责人确认装载货物的名称、数量、吨数及是否达到加固标准。监控人员或轨道车司机确认装载加固合格后，方准开车。

3.4.3　运行中，押运人员（监控人员或补机司机）要认真观察路料捆绑加固状态，发现异常立即通知本务司机停车处理。

3.4.4　在中间站停留待避时，押运人员（监控人员或轨道车司机）要对装载加固情况进行检查。

3.4.5　收料作业时，由施工负责人按照装载加固方案组织装载，做到不偏载、不偏重、不超载、不集重。收料作业结束后，必须对装载的路料进行捆绑加固，经监控人员或轨道车司机确认后方准开车，捆绑加固不达标不准动车。

3.5　卸料作业的要求。

3.5.1　卸料时，卸车负责人应指定专人及时清理车轮附近的材料，每次动车前应检查和确认材料堆放稳固、不侵入限界。

3.5.2　卸车时司机应清楚卸车的具体位置、作业条件，当卸车条件不具备时（如卸车侵限、没有足够的作业人员），司机有权制止卸车作业。

3.5.3　卸料作业结束后，卸车负责人组织检查限界、清道，做好未卸余料的整理及捆绑加固，卸车负责人、押运人员（监控人员、轨道车司机）共同确认达到要求后，方可开车。

3.5.4　在同一区间内不同地点进行收料和卸料作业的过程中，可不进行捆绑，应根据路料装载情况适当限速，且最高速度不得超过 30 km/h。

3.5.5　运送加固材料及装置时，要摆放整齐，捆绑牢固，并由装卸车负责人或监控人员负责运输过程中的安全。

3.5.6　严禁边行车边卸料，严禁车未停稳即卸料。

4　安全控制及应急措施

4.1　检查重点项目。

4.1.1　是否达到捆绑加固标准。

4.1.2　运输过程中捆绑是否松动、路料是否窜出。

4.1.3　站停时，押运负责人（监控人员及轨道车司机）应认真检查捆绑加固情况。

4.1.4　运行途中，押运人员应加强瞭望，发现危及安全的问题立即通知司机停车检查处理。站停时，押运人员检查路料装载情况。

第四部分

机具操作规程

一、内燃捣固镐安全操作规程

1. 检查油箱内燃料及机油情况，加注符合要求的汽油及机油（二冲程机器按使用说明书要求比例加注混合油）。

2. 检查镐体及机器有无损坏。

3. 将捣固镐直立在石砟或松软地面上，用手指将输油泵反复按动 10 次以上，以便油泵吸取更多燃油，使起动容易。

4. 冷机起动时将风门置于全闭位置，起动正常后打开风门。

5. 将油门控制开关置于最小，即怠速，一手握住捣固镐，一手拉动起动拉手起动发电机，起动正常后打开风门。

6. 起动后在怠速情况下运转 2 min 热机，然后将汽油机油门调至最大，确认发动机运转正常后方可上道作业。

7. 手持捣固镐手把，在距离钢轨边缘 20～30 mm 外下镐，使镐头与轨枕面约成 45° 角，然后不停地来回抽插捣固镐进行捣固作业，避免与混凝土轨枕和钢轨等碰撞。

8. 捣固间歇时，把油门调至怠速状态，长时间间歇时应停机。

二、软轴高频捣固机安全操作规程

1. 作业前仔细检查所有绝缘，张紧传动带，检查各紧固件有无松动或失效，各焊缝有无开裂。

2. 加注符合要求的油料。

3. 将机头上的联结手柄旋转至正上方，将软轴插头插入轴内孔，将联结头插入机头孔中，使联结手柄落入联结头圆槽内，扳下联结手柄，再将振捣棒插在机架上。

4. 严格按照规定程序起动发动机：

（1）燃油阀开到 ON（开）位置；

（2）阻风门控制柄拨到 CLOSE（关）位置（如果发动机是热的或气温较高，则可能不需要关阻风门）；

（3）节气门控制柄朝左略移点；

（4）发动机开关扳到 ON（开）位置，轻轻地拉起动绳握柄直到感到阻力，然后用力快速一拉即可起动。

5. 将整机抬上道，取下振捣棒，将其前端对地轻轻磕碰，振捣棒发出"嗡……"的高频响声后即可使用。

6. 在发动机预热时，逐渐把风门柄移动至 OPEN（开）位置；把节气门控制柄置于发动机所要转速的位置。

7. 捣固道砟时应两台机器成套使用，将机器分别置于所捣固的同一根轨枕的两侧。同捣一根轨枕的人员应动作一致，用力大致相同。捣固时握住减振手把斜向插入（不要手持软管，软管弯曲半径不得小于 250 mm），将道砟捣入轨枕下。严禁用振捣棒撬轨枕、钢轨，应避免镐头碰击钢轨、轨枕（岔枕）和联结零件。

8. 停机时，把节气门控制柄向右移到头，把发动机开关扳到 OFF（关）位置；把燃油阀扳到 OFF（关）位置。（在紧急情况下停机，把发动机开关扳到 OFF 位置即可）

9. 下道应行动迅速。下道后将振捣棒插回机器，将整机抬至限界以外，不得侵限。

三、内燃螺栓扳手安全操作规程

1. 上道前应全面检查机械各部，确保每个部件都处于完好状态，在机器有故障时，严禁上道作业。

2. 检查机器的润滑油及燃油，不足时应补充，严禁使用不合格的汽油、机油。

3. 机器起动后应怠速运转 2～3 min，机器各部运转正常后方可上道作业。

4. 作业前应检查、标定线路扣件的扭矩要求，应严格执行标准，既不能大于规定扭矩，也不能小于规定扭矩。

5. 利用列车间隔松卸螺栓时，一次松卸螺栓数量必须按《铁路工务安全规则》规定进行。

6. 在遇有螺母与作业套筒卡帽时，请及时将安全销拉出，上抬机具，将机具及时撤离作业线路。

7. 作业完成，抬机具下道后，机具不得侵入安全限界。

8. 机器搬运时，发动机向进气门端倾斜角度不可大于 45°，防止机油进入空气滤清器滤芯，造成新鲜空气不足而无法起动和正常运转。

9. 汽油机在运转中，不得长时间将机具倾斜，因为倾斜有可能造成油底壳缺油，无法产生飞溅润滑，造成烧瓦或拉缸故障。

四、液压起拨道器安全操作规程

1. 液压起拨道器在使用时应特别注意保持油液的洁净，绝不能将脏油加入油箱，否则会影响机具的正常使用，加油量为油箱容积的 3/5 为宜。

2. 回油阀一般用手按顺时针方向拧紧即可。

3. 本机各个铰接处的转动部分应经常加油润滑，保持转动部件的灵活。

4. 注意保持机具的清洁，勿乱抛乱摔，使用完毕后应将活塞杆压到底部。

5. 在起拨道时，如遇列车驶来，应立即松开放油阀，将起拨道器取下。

6. 机具在轨道上移位时，可利用机具的走行轮推动运行，但必须在钢轨绝缘接头的绝缘处防止联电。

五、液压轨缝调整器安全操作规程

1. 调整轨缝作业时，先将液压轨缝调整器推至所要调整轨缝的轨面上，并使机具的连接轴套空间处对准需调整的轨缝。

2. 轨缝调整作业完毕后，将放油阀打开，机具的夹紧齿即可松脱，夹紧齿松脱后才可将机具取下或移位。若夹紧齿咬住钢轨轨头，不能顺利松脱，可拔销使之解体分离，在外力的作用下强行卸下夹紧齿，使之安全下道。

3. 机内安全阀的压力，在出厂前已校验好，拆装时切勿任意调整。若压力发生变化，应在压力机上重新校验。

4. 使用后的机具，应对夹紧齿缝中的污垢进行清理，使其保持良好状态，不致在使用中打滑。

5. 液压轨缝调整器在上道作业之前，必须检查其安全性能是否可靠。两夹紧体之间的连接轴与插销要经常涂油，保持润滑，夹紧钳口需经常清除其齿间污垢，其滑动表面也需涂油，以便保持与夹紧体的良好滑动状态。

六、打磨机安全操作规程

1. 操作人员在作业前应按使用说明书的要求，熟知本机构造、各部件作用、使用方法及安全操作规定。

2. 作业前，检查各紧固件有无松动，夹轨钳有无变形损坏，发现异常及时处理。

3. 接通电源后，先起动电机，检查砂轮转向是否正确。

4. 磨削前，起动电机，观察磨头转动是否平稳、有无异响，以及砂轮磨损情况等，发现异常及时修理。

5. 对旋转部件及时加注适量润滑油脂，使紧固件转动灵活、不锈蚀。

6. 作业时，将马鞍型夹轨钳安放在钢轨端部，夹轨钳内侧面、内顶面分别与钢轨侧面及踏面靠紧，并以此作为基准使打磨机定位，保证打磨机头部与钢轨纵轴垂直，然后用旋动螺栓锁定，从而使打磨机与钢轨连接牢固。

7. 打开电机开关，在砂轮转动方向正确的情况下，转动手柄，操纵长手柄，对钢轨踏面往复打磨。

8. 根据磨削情况调整进给量，操纵手柄往复打磨，直至全断面打磨均匀为止。

9. 完成一个打磨循环后关闭电机开关，用角度尺、塞尺配合进行测量。达到标准后，旋转进给手柄，使磨头退回到原始位置，卸下打磨机。

七、发电机安全操作规程

1 发动机起动前的准备

1.1 检查燃料、润滑油、冷却和起动系统，不许有任何不紧密、渗漏及阻塞现象。

1.2 检查燃料油量、润滑油量、冷却水量是否达到标高，不足时应添加。

1.3 检查机组各部位紧固件是否有松动、缺少现象，发现问题及时处理。

1.4 检查空气滤清器是否清洁、蓄电池的存电情况以及接柱是否松动；检查风扇皮带松紧。发现问题及时进行处理。

2 发电机起动前准备

2.1 转动发电机，检查电机是否灵活，应旋转自如，无异音。

2.2 检查各电气连接是否紧固，各开关、旋钮是否在正确位置。

2.3 检查电机绕组各绝缘电阻是否符合规定数值。

2.4 接好发电机接地装置，使其达到规定要求。

3 起动操作

3.1 拧开放气阀，排除油路中的空气。

3.2 接通蓄电池开关，将减压手柄放在开启气门位置。

3.3 按下起动按钮，当听到气缸内发出爆发声时及时松开按钮或释放钥匙门。

3.4 起动时间一般应在 10～15 s 内。如果起动不成功，需等 40～50 s 后再起动，不准多次、长时间起动。

3.5 发电机起动后应低速运行，观察油压是否正常，机组是否有不正常声响，待油温、水温上升后增加转速到额定值。

3.6 有可控硅励磁装置的机组，应接通励磁开关，并观察仪表是否正常。

4 机组运行时注意事项

4.1 注意检查燃油、机油、冷却水的消耗情况，监听运转声音是否正常，观察发电机排烟情况。

4.2 注意检查机组安全保护装置是否处于正常、良好状态。

5 停机作业

5.1 停机前，首先断开负荷，并将发电机电压调到最低值，低速运转 3～5 min。

5.2 汽油机停机时，断开磁电机或点火线圈开关停机，拉上风门，关闭油箱阀门。

5.3 柴油机停机时，将调速杆推到停车位置，关闭油门，使柴油机停止运转。

八、内燃钻孔机安全操作规程

1. 检查油箱内燃料及机油情况，加注符合要求的汽油及机油（二冲程机器按使用说明书要求比例加注混合油）。

2. 检查轨腰定位块及轨面标尺，根据不同轨型更换调整相对应的轨腰定位块和轨面标尺。

3. 检查钻头刃部是否锋利，不锋利时及时更换钻头。

4. 确保主轴进钻、退钻自如，无卡阻现象。

5. 开机后必须将钻孔机空转 3～5 min，待运转平稳且无异常现象后再进行钻孔作业。

6. 在需要钻孔的位置冲打中心标志。

7. 将卡具卡在钢轨上，并使钻头的中心对准中心标志。

8. 操作钻头进给柄，使钻头作用在轨腰上钻孔，并均匀加水冷却。

9. 钻孔完毕后，反向摇动进给手柄，使钻头退回。

10. 松开卡具，取下钻孔机。

九、内燃锯轨机安全操作规程

1. 检查油箱内燃料及机油情况，加注符合要求的汽油及机油（二冲程机器按使用说明书要求比例加注混合油）。

2. 检查砂轮片是否安装牢固，并检查砂轮片是否有裂纹、变形、损伤、受潮等。

3. 锯轨机安装：根据钢轨切割的位置将夹（卡）具张开，夹在钢轨上，转动卡具手柄，使卡具牢固地卡住钢轨，然后将夹具杠杆顶丝锁紧。

4. 砂轮片安装：拧下主轴螺母，将砂轮片放置在主轴端头的两个固定垫中，然后用螺母锁紧。

5. 起动：左手握住锯轨机把手将机器提起，右手握住汽油机起动绳手柄，并用力拉住手柄，通过左手下落机器，在起动拉绳的作用下，汽油机便可起动。

6. 开机后必须使锯轨机空转 2～3 min，待运转平稳且无异常现象后再进行锯轨作业。

7. 将机体安装在卡锯的销轴上，往复摆动锯轨机，使锯片接触钢轨进行切割，当钢轨快要锯断时，应减轻锯片对钢轨的压力，以防损坏锯片。

8. 切割时，将辅助操纵杆前后轻轻移动，操纵杆适量进给，从轨面垂直向下切割，切至轮片极限位置时，将切割机前移，切割钢轨底部，切到轨底宽度时，将切割机再后移，切割钢轨另侧底部，直至完成全部锯轨作业。

十、喷灯安全操作规程

1. 使用前，不准放在火炉上加热，加油不可太满，充气气压不可过高。

2. 燃着后，不准倒放喷灯，不准加油。需要加油时，必须将灯熄灭、冷却后再加油。不准让喷灯长时间、近距离对着地面、墙壁燃烧。

3. 在易燃物附近，不准使用喷灯。

4. 不准将喷灯火焰近距离对着电缆。

5. 在高处使用时，必须用绳索系上。

6. 使用完毕应及时放气，并开关一次油门，以避免油门堵塞。

十一、液压螺母劈开器安全操作规程

1. 打开注油螺塞，将手动油泵箱注满机油或液压油，并关闭卸荷阀。

2. 空载试运转，观察机器是否正常。

3. 检查劈开器劈刀是否有损坏。

4. 将劈开器头孔套入待劈的螺母，并摆正放平。

5. 压动手压油泵，使劈刀顶出并推进至螺母。注意，在劈刀没有顶到螺母之前，压力表显示为零，顶入螺母后压力开始上升。

6. 劈刀顶进螺母后，当听到"叭"的声响时，表明螺母已被劈开。同时，手动油泵压力表指针迅速回零，即停止压动。

7. 拧开卸荷阀，劈刀退回原位，取下劈开器，工作结束。

8. 有的螺母也可在劈开面的对面再劈一刀，使之分为两瓣，与螺栓分离。

十二、轨道检查仪安全操作规程

1. 使用前检查电量是否充足。

2. 在运输和使用过程中应轻抬轻放，不得发生碰撞。

3. 上道使用时应设好防护，确认无车后方可作业。

4. 使用过程中，应严格观察线路情况，避免轨道检查仪的所有轮子被撞击（特别是在平交道口和道岔处），严禁在非铁道线路上推行。

5. 监测人员不得站立在轨道检查仪上，也不得在轨道检查仪上放置重物。

6. 使用完毕后，应将轨道检查仪放置在平整、光洁的地面上，旋松接头蝴蝶杆，拆开横杆和竖杆，放置在专用的箱内。